김기스칸 vs 칭기즈칸

김기스칸 VS 칭기즈칸

지은이 / 김용섭
펴낸이 / 조유현
편　집 / 이부섭
디자인 / 박준철
펴낸곳 / 늘봄

등록번호 / 제1-2070 1996년 8월 8일
주　소 / 서울시 종로구 충신동 189-11 동국빌딩 5층
전　화 / (02)743-7784
팩　스 / (02)743-7078

초판발행 / 2010년 7월 31일
재판 1쇄 / 2010년 11월 15일

ISBN 978-89-88151-97-6 03300

김기스칸 vs 칭기즈칸

김용섭 지음

늘봄

차례

3장 단 하나의 소망

4장 세 색 매력을 지닌 여인

프롤로그

위대한 삶에 도전한 사나이의 속 이야기

몇 해 전, 오만의 수도 무스카트에서 두바이로 가는 비행기 안에서 보석 장사를 하는 30대 중반의 한국인 청년을 만났다. 그는 콩고, 보츠와나, 시에라리온 같은 아프리카 국가에 다니며 보석을 조달해서 아시아 부국에 판다고 했다. 오지 분쟁지역은 이익이 큰 만큼 위해(危害)를 감수해야 한다고 했다.

필리핀의 조그마한 모텔 식당에서 또 한 사람 한국인 청년을 만났다. 그는 그 주변에 있는 골프장 사장이었다. 서른한 살의 새파란 젊은이가 골프장 사장이라니? 머릿속 자잘한 의문은 이내 부질없는 잡상이었음이 밝혀졌다. 그는 적수공권(赤手空拳)으로 필리핀에 와 골프장에 취업했고, 골프장 주인이 그의 열정과 창의를 높이 평가해 그에게 사장을 맡겼다고 했다.

그들에게 '작은 영웅' 이란 칭호를 붙여줘서 넘치지 않으리라.

그들뿐이겠는가. 지금 이 순간에도 수많은 작은 영웅들이 세계 곳곳을 누비고 있을 것이다. 김우중은 서른한 살 나이에 도토리 같은 회사를 만들고 그들처럼 뛰어다녔다. 그도 그때 분명 '작은 영웅' 이었다. 꽤 큰 영웅이 되었을 때도, 세계적인 기업인으로 우뚝 섰을 때도, 그는 한결같았다. 좁은 길은 넓히며 다녔고, 꼬부라진 길은 펴면서 다녔으며 , 길이 없으면 만들면서 다녔다.

유럽의 어떤 언론이 그를 '김기스칸' 이라 불렀다.

나는 마흔에 김우중 회장을 만났다.

그 뒤 20년 동안 나는 그의 지근거리에서 일했다. 그 가운데 6년 동안 나는 그의 사무실 출입문 맨 앞자리를 지키는 비서였다. 내겐 17년 공직을 수행하면서 꽤 훈련된 눈과 수필 쓰는 사람으로 글의 소재를 관찰하는 눈 등 다소는 특이한 눈이 있었다. 그 눈으로 오랜 세월 그를 보았다. 그의 활동영역은 너무 넓고 복잡하고 다양했기에 내 앎에 한계가 있을 수밖에 없지만 나는 그의 머릿속, 그의 가슴 속을 웬만큼 감지한다고 말해도 될 듯하다.

인간 김우중.

그는 '좋은 삶' 과 '좋은 회사' 에 안주하지 않았다. 그는 '위대한 삶' 과 '위대한 회사' 에 도전했다. 위대한 국민, 위대한 국가를 꿈꾸었고, 함께 잘사는 세계를 꿈꿨다. 그의 꿈은 웅대했고 그의 도전은 실로 담대했다. 창의(創意)의 칼을 들고 희생의 갑옷을 입고 꿈을 향해 매진했다.

그에 대해 뭔가를 얘기하고 싶은 강렬한 욕구가 내게 있었다. 그의 웅대한 비전, 소위 '세계경영' 이 고지를 향해 달릴 때는 벅찬 감동이 있어 그랬고, 대우가 무너졌을 때는 가슴이 쓰라려서 그랬다.

나는 그러한 욕구를 실행에 옮기지 못했다.

그가 세계적 기업가로 각광 받고 있을 때는 객관성과 설득력이 떨어질 것이기 때문이었다. 대우가 해체된 뒤에 나는 패장의 덫에 갇혀 망설이고 주저했다.

이제 나는 묻어버리기엔 너무 아까운 인간 김우중을 얘기하려 한다.

할머니가 손자를 무릎에 앉히고 옛날 얘기를 들려주듯이 지금 세계를 헤집고 다니는 작은 영웅들, 미래의 작은 영웅들, 그리고 불확실한 미래 앞에서 고뇌하는 젊은이들에게 김우중의 얘기를 들려주려한다. 대우의 성쇠에 관한 얘기는 아니다. 삶의 현장에서 만난 김우중의 속 모습에 관한 얘기다. 비록 편린에 불과할지라도 차분하고 진솔하게 그에 대한 기억의 실타래를 풀어 보려는 것이다.

그의 철학과 사고와 가치관과 행동양태에 대한 이 글이 우리 젊은이들에게 멘토의 역할을 하게 된다면 진정 큰 기쁨이며 보람이 아니겠는가. 이 하찮은 글 몇 줄이 뒷날 연구자들의 해석과 평가에 조금이라도 기여할 수 있다면 그 또한 망외의 소득이겠다.

이 글의 여기저기에 대우가 더 이상 세계경영의 길을 가지 못 한 것에 대한 나의 속병이 드러나 있을 듯싶다. 대우의 세계경영이 그렸던 2010년의 웅대한 모습이 내 머리에 선연해서 그리 된 것인 즉, 독자들의 해량(海諒)에 미리 감사드린다.

이 글을 쓰는데 용기와 격려를 주신 대우인회 이경훈 회장님, 산학경영연구원 이사장 최용호 박사님께 삼가 감사의 인사를 드린다. 이 글의 원고를 모두 읽고 조언을 해주신 대우 홍보실 이사였던 R2B크리에이션 백기승 대표, 영문학 교수이신 백태효 박사, 수필가이며 예술행정의 개척자이신 김정식 교수, 박제영 시인, 대우인력개발원 교수였던 서성권 부장, 그리고 느려터진 나의 작업을 인내로 이끌어 주신 늘봄출판사 조유현 사장께 심심한 감사를 드린다.

경인년 생강나무 꽃 필 무렵

김용섭

1장 회장의 똥잠

회장을 처음 만나던 날 새벽,
나는 아내와 자식들을 위해 기도했다.
그 뒤, 20년 세월,
나는,
회장을 위해 기도했다.
회장의 일이 나라와 민족을 위한 일이고
나 자신을 위한 일이라고 믿었기 때문이다.

12 김기스 칸 vs 칭기즈 칸

인연

1980년 10월 2일(토요일) 오전 10시.

김우중 사장을 만나는 시간이다.

그날 새벽, 돌아가신 아버지와 어머니를 모셔둔 광덕사(廣德寺) 승방(僧房)에서 잠이 깼다. 절 뒤 맑은 계곡 물에서 발을 씻고 세수를 했다. 10월초지만 광덕산 깊은 골짜기에서 흘러내리는 물은 뼛속을 스며들 듯 차가웠다. 대웅전에 들어가 예불하면서 광덕산을 등지고 앉아 자비로운 미소를 띠고 있는 부처님을 향한 나의 원망(願望)은 간결했다.

전생에 업보가 있어
젊은 나이에 청운의 꿈이 산산조각이 나 버린 것이라면
그 죄업을 나 혼자 치르게 해주소서.
무구(無垢)한 아내와 철없는 어린 자식들에게는
그 업보가 미치지 않게 해주소서.

이런 소망은 나의 유아체험에서 나온 것이 아닌가 싶다. 나의 아버지는 사십 중반에 정치적인 이유로 공직에서 밀려났다. 어릴 때는 몰랐지만 철들어 알고 보니 참으로 어처구니없는 이유였고, 드라마 같기도 하고 코미디 같기도 한 이유였다. 그 뒤 가족들은 모두 고생을 했다. 그의 아들, 나는 아버지 보다 훨씬 젊은 나이에 공직에서 밀려났다. 그 역시 정치적인 이유에서였다. 몰아내는 쪽의 명분은 '숙정' 이었다. 나에게 '숙정공무원' 이란 딱지를 붙였으니 진짜 개가 웃을 노릇이었다.

「쇼생크탈출」이란 영화가 있다. 젊고 잘 생기고 유능한 은행간부 앤디는 아내와 정부 살해범의 누명을 쓰고 종신형을 선고 받는다. 그는 흉악범만 모아 놓은 쇼생크 교도소에 수감된다. 그가 자신은 결백하다고 주장할 때 동료 죄수인 래드가 '여기 있는 사람 모두가 결백하다고 말한다.' 고 하면서 빈정거린다. '개가 웃을 노릇' 이라는 내 주장에 누군가가 래드와 같은 말로 응답해 줄지도 모르겠다. 앤디가 살해범이 아니었던 것처럼 나는 숙정 대상이 되어야 할 이유가 없었다. 어쩌랴. 5공의 서슬 퍼런 칼날 앞에서. 찍소리 한 번 못하고 물러난 나에게 단 한 가지 소망이 있었다. 아버지처럼 내 자식들을 고생시키지는 말아야 한다고.

열차로 서울역에 내려, 하늘을 가릴 듯 웅장한 자태로 서 있는 대우빌딩 5층 사장실로 올라갔다. 접견실에서 5분쯤 기다리고 있었는데 김우중 사장이 급한 걸음으로 들어오면서 기다리게 해서 미안하다고 사과를 했다. 기다리는 쪽은 약자이고 겨우 5분인데, 사과까지 하지 않아도 될 터인데. 내 이력서를 들여다보는 김 사장의 모습은 아직 청년이었다. 새파랗게 젊은 그가 그만한 기업을 이루었다니. 외경(畏敬)스러웠다.

달랑 한쪽인 나의 이력서를 찬찬히 살피던 사장이 "골프를 잘 치나 보지요?" 라고 물었다.

"예, 남들에게 폐 끼치지 않고 어울릴 만큼 칩니다."

나중에 안 일이지만 내가 이력서의 취미 란에 '골프(핸디 12)' 라고 쓴 것은 실수였다. 사실 나의 실력은 그보다 더 되었지만 나는 겸손하게

12라고 적었다. 핸디 12, 아마추어로는 상당한 수준이고 회사의 대외적 교류에 도움이 된다고 생각했던 거다. 그러나 알고 보니 그는 골프를 못 치고 골프 치는 사람을 좋아하지 않기 때문에 회사직원은 누구도 사장 앞에서 골프 얘기를 하지 않는다는 것이었다.

"어디에 근무하면 좋을 것 같아요?"

그의 두 번째 질문이었다. 채용을 기정사실화한 듯한 느낌이었다. 나의 골프 흠결을 눈감아 주었음이다.

"저는 기업에 대해 아는 것이 없습니다." 솔직한 나의 대답이었다.

"관리 기획 영업 이렇게 세 가지 업무 중에서 어느 쪽에서 일하면 좋을 것 같습니까?"

"죄송합니다. 아무데나 사장님께서 정해주십시오."

"그럼 비서실은 어때요?"

"사장님 결정에 따르겠습니다."

그는 더 이상의 질문을 하지 않고 "내일은 일요일이고 개천절이니 쉬시고 월요일 비서실로 출근하세요."라고 말하고 자리에서 일어섰다. 그 방을 나서면서 나는 '이놈의 회사는 휴일과 국경일이 겹쳤는데도 허가를 받아야 노는가.' 라고 속으로 투덜거렸던 것 같다.

16 김기스 칸 vs 칭기즈 칸

면담을 끝내고 돌아오는 길에 조선호텔 앞 지하상가에서 드레스셔츠를 하나 주문했다. 가족들을 굶기지는 않게 되었다는 안도감과 앞으로 잘해야 되겠다는 다짐이 합쳐진 쇼핑이었다.

그날 이후 대우의 구성원으로 20년의 세월을 보냈다. 그 20년 가운데 6년 동안 회장이 출입하는 문 앞에 앉아 있는 비서였고, 3년간 기조실 인사담당 임원이었고, 5년간을 회장의 친경(親經) 체제였던 대우자동차에서 일했다. 대우가 무너지던 무렵에는 그룹의 인력관리와 교육을 전담하는 인력개발원 원장의 자리에 있었다. 이런 경력으로 보아 회장의 얼굴을 바라본 시간으로만 따진다면 아마도 회장의 창업동지 몇 분을 제외하면 내가 가장 오래라고 할 수 있을 것 같다.

대학을 갓 나와서 회장의 비서가 되는 수행비서들이 회장을 대하는 태도는 다소 맹목적이다. 그들에게는 회장의 모든 것이 옳다.

나는 그렇지가 못했다.

나는 나이 마흔에 회장의 비서가 되었다. 그냥 마흔이 된 것은 아니다. 산전수전(山戰水戰) 다 겪었고, 정보기관에 있으면서 닳을 만큼 닳았다. 약간의 과장이 허락된다면 대통령을 빼고는 이 나라에서 웬만큼 높은 사람들은 직간접적으로 대충 만나 볼 기회가 있었다. 그런 경험이 나로 하여금 회장을 객관적으로 또 냉정한 눈으로 바라보게 했을 것이리라.

회장을 모시는 20년은 흐름이 몹시도 격하고 가파름의 연속이었다. 때로는 감동하고, 때로는 의욕이 용솟음치고, 때로는 애간장이 타고, 때로는 좌절하고…, 등등 감정의 기복이 아주 큰 세월이었다. 내가 부지런해서 그러한 감정들과 경험들을 정리해 두었다면 멋진 드라마가 몇 편은 엮어 지고도 남으리라. 이제 모두 망각의 무덤에 묻히고 어렴풋한 기억들만 조금씩 더듬어 볼 수 있을 뿐이다.

아이러니하게도 회장을 모시게 된 뒤부터는 어쩌다 부처님 앞에 엎드릴 때 나는 내 가족을 위한 기원을 하지 않았다. 회장이 건강하시고 회장하시는 일이 잘 되도록 기도 드릴뿐이었다. 회장이 하시는 일이 나라와 민족에 기여하는 일이고 회장이 잘 되는 것이 내가 잘 되는 것이라고 생각했던 것 같다. 대우가 무너지고 어언 10년. 나는 부처님 앞에서 합장하고 회장의 건강을 위해 기도하며, 회장의 명예가 회복되기를 기도한다.

양말 빨기 경쟁

새해 초두 회장은 미국과 일본의 주요도시를 한 바퀴 돌아온다.

이때 방문하는 곳들은 대우의 비지니스와 깊은 관계인 회사와 석유메이저와 같은 대형 기업이나, 주요 은행 대표자들을 만나서 의견 교환을 한다. 언론사들도 방문한다. 뉴스위크나 비즈니스 위크, 워싱턴 포스트 그리고 포브스 같은 언론사의 새해 세계정세 브리핑은 알찼다. 분야별 전문가들이 참석해서 깊이 있는 브리핑을 해주고 성실하게 질문에 답해 준다.

회장은 영어와 일어를 한다. 현장에서 부딪치며 배운 외국어라 말하는 것이 아주 매끄럽지는 못했지만 듣는 것은 탁월했다. 회장은 일행 가운데 누구보다도 전문가들의 말을 정확하게 이해했다. 어떻게 아느냐고, 질문하거나 대화하는 것을 들어보면 알 수 있다. 저녁에 수행참모들과 함께 일과를 점검할 때도 알 수 있었다.

80년대 초반 어느 해 1월.

회장은 연례행사인 미국순방길에 있었다.

나도 대우그룹의 주요회사 사장 5명 등 8명으로 구성된 시찰단의 일원이었다. 내가 대우에 입사한 뒤 두 번째 회장을 수행하는 출장이었다.

회장과 일행은 워싱턴 D.C에서 밤 비행기를 타고 중간 기착지인 세인트루이스를 거처 이른 아침에 샌프란시스코에 도착했다. 회장은 호텔로 가서 세수를 하고 옷을 바꿔 입은 뒤 예정된 일정에 들어갔다.

회장은 하루 종일 움직였다. 아마도 5대 석유메이저 가운데 한 회사인 쉐브론 사의 회장과 오찬을 했고, 미국 3대 은행의 하나인 BOA 행장과 만찬을 했던 것으로 기억된다. 만찬이 끝나고 호텔로 돌아 온 회장은 (주)대우지사장과 대우조선의 현지 책임자로부터 짧게 보고를 받은 뒤 침실로 들어갔다. 호텔에 돌아와 참모들과 하루 일정을 리뷰 하는 회합

없이 곧 바로 침대로 가는 것은 회장이 거의 그로기 상태라고 할 만큼 피로하다는 의미다.

다음날 아침 회장을 깨워드리려고 침실에 들어갔을 때 화장대 앞 걸상 등받이에 양말 두 짝이 가지런히 놓여 있었다. 다가가서 살펴보니 전날 신었던 양말을 빨아서 널어놓은 것이었다.

내 가슴 깊은 곳에서 물컹 뜨거운 무엇이 치밀어 올라왔다.

안타까움이랄까, 감동이랄까, 어쩌면 가련함이랄까. 이분이 무엇이 모자라서 이런 모습으로 세계를 뛰어 다녀야 하는 것일까. 하늘나라에 계실 그의 어머니가 조그마한 세면대 앞에 꾸부리고 선채 양말을 빨고 있는 아들의 모습을 본다면 애처로워 필시 눈물을 흘리리라.

회장은 시간을 아끼기 위해 기내 반입이 허락되는 작은 가방 하나만 갖고 일주일이고 2주일이고 여행을 한다. 가방 속에는 캐주얼 양복바지 하나, 스웨터 하나, 드레스셔츠 3개, 내의 3벌, 양말 3족 정도가 들어 있다. 틈이 날 때마다 다려 입고, 빨아 입고, 빨아 신어야 한다. 낮에 일보고 밤 비행기로 이동하고, 호텔에 머물러도 늦게 들어와서 다음날 아침에 나오니 세탁을 맡길 기회가 거의 없다. 그러니 양말은 말할 것도 없고 티셔츠 같은 것도 빨아서 밤새 말려 입어야 한다.

그 뒤로 회장이 양말을 벗어 놓으면 내가 가져가 빨아서 드라이어로 잘 말린 뒤 회장 가방에 넣어 두곤 했다. 한번은 벗어 놓은 양말을 들고 나올 심산으로 회장을 따라 침실로 들어갔는데, 회장이 양말을 벗어 들고 화상실로 들어가는 것이었다.

다음날 아침 회장이 빨아서 걸어 놓은 양말을 또 보았다.

추측컨대, 회장은 비서의 직무에 회장의 양말까지 빨아주는 역할은 없다고 생각했을 것 같다. 항차 나이 마흔에 이른 중늙은이가 비서라는 직분 때문에 양말까지 빨아 주는 것을 회장의 깔끔한 성격이 받아 드릴 수 없었던 것일 게다.

나는 행동이 굼뜨고 게을러서 내 양말도 제대로 처리하지 못한다. 하지만 파김치가 된 채 방으로 들어가서 양말까지 빠는 회장을 보고만 있을 수는 없었다. 그래서 나는 어떻게든 양말을 빨아드리려고 눈치를 살피고, 회장은 자기의 땀내 나는 양말을 비서에게 맡기지 않으려고 애를 썼다.

회장과 비서 사이에 양말 빨기 경쟁이 벌어진 것이다. 그 우스꽝스러운 경쟁은 내가 비서실에 근무한 6년, 그 짧지 않는 세월 동안 줄기차게 이어졌다.

그때마다 내 마음속에는 소망이 하나 있었다.

회장께서 부디 여유 있는 여행을 했으면 좋겠다는 간절한 소망이었다. 술집을 찾거나, 호화 쇼핑을 하거나, 명승지를 구경하거나, 골프를 치거나 하는 등의 화려한 소망이 아니었다. 여행기간에 요긴한 물건들이 모자라지 않게 큰 가방을 갖고 다녀도 되는 여유. 호텔에서 좀 느긋하게 하루 밤을 보내고 피로가 풀린 모습으로 출발하는 여유. 그 정도의 여유를 가졌으면 하는 소망이었다.

대우에서 손을 떼는 날까지 회장이 그런 여유를 갖는 것을 나는 보지 못했다. 회장의 정신은 언제나 풍요로웠지만, 일상은 언제나 '마음이 가난한 사람'의 행함이었다.

회장의 똥잠

회장에게는 통상 20대 후반의 총각 수행비서가 있었다.

아무리 젊은 총각이지만 1년이면 250에서 300일 가까이 해외로 뛰어다니는 회장을 수행하는 것은 여간 고통스러운 일이 아니며 메마르기가 그지없는 일상이다. 그런 점을 감안해서인지 회장은 가끔 젊은비서에게 휴식을 주고 내게 수행을 지명한다. 말하자면 대타인 샘이다. 회장의 여행영역이 넓어지고, 발걸음이 조금은 무거운 여행이 많아지면서 대타가 아닌 주전타자로 수행하는 일이 많아졌다. 가령 중국 소련 북한 같은 곳의 초기 여행은 모두 내가 수행했다. 6년이 가까운 비서생활 동안에 연평균 50~60일 정도 회장을 모시고 다녔던 것 같다. 그렇게 다닌 나라가 50여개 국에 이른다.

처음 회장을 수행하게 되었을 때 수행비서가 내게 알려 준 인계사항은 딱 한 가지, 아침에 회장을 깨우는 요령에 관한 것이었다.

첫째, 회장이 방을 나서야 하는 시간을 기준으로 한 시간 전에 깨워 드리라는 것이었다. 회장은 꽤 무거운 치질 질환을 갖고 있어 한 시간의 준비시간이 필요했던 거다.

아마도 10년쯤 뒤에 회장이 치질 수술을 받았는데 의사가 참으로 '미련한 양반' 이라고 평했다고 한다. 한 번에 끝내지 못하고 두 번 수술을 받았으니 그 소리 들은 만하다. 그렇게 고통스러운 질환을 달고 다니면서도 잘라 낼 시간을 마련하지 못했으니 미련하다 해야 할지 불쌍하다 해야 할지 모르겠다.

둘째는 꼭 침대 머리에 가서 흔들어 깨워야 한다고 했다.

자명종 소리나 모닝 콜 같은 전화 소리는 소용이 없다. 회장이 "알았어." 하거나 "지금 몇 시지? 응 일어날게."라고 한다고 해서 그냥 돌아서 나오면 낭패를 보기 십상이다. 반드시 일어나서 화장실로 들어가는 것을 눈으로 확인하고 나와야 한다.

마지막으로 밤에 회장이 침실에 들면 방 열쇠를 반드시 갖고 나와야 된다고 했다. 흔들어서 깨워야 한다면 당연히 열쇠를 갖고 있어야 하는 것이다.

"말도 마세요. 얼마나 똥잠인 데요."라는 말로 업무 인수인계를 마쳤다.

원래 똥잠인 사람이 있지만, 회장 같이 긴긴 시간에 그렇게 신경을 쓰고서야 똥잠이 안 될 수가 없는 노릇이다. 그나마 회장의 똥잠이 그분을 지탱해 주는 주 무기임을 나중에 알게 된다. 그리고 치질로 인한 한 시간의 준비시간이 동작이 엄청나게 굼뜬 나에게는 크게 도움이 되는 것임도 나중에 알게 된다.

어쩌다가 창황(蒼黃) 중에 열쇠를 회장 방에 두고 나와서 다음날 아침 어처구니없는 고생을 한 얘기는 다음 기회로 미룬다.

회장이 주무시러 침대로 갈 때 어김없이 나누는 대화가 있다.

26 김기스 칸 vs 칭기즈 칸

"내일 아침 몇 시에 일어나야지."

"6시에 일어나셔야 합니다. 6시 5분 전에 깨워드리겠습니다."

천천히 오기를 원하는 시간은 빨리 다가온다.

침대에 파묻히다시피 곤한 잠에 빠져 있는 회장을 흔들어 깨우는 것은 너무 야박한 일이다. '한 시간만 더 주무시면 훨씬 더 가벼운 몸으로 하루를 맞이하시게 될 텐데.' 하는 생각을 하게 되면 도저히 회장의 어깨에 손을 얹을 수가 없다. 회장의 침대 앞에 서서 주저주저하다가 한숨을 내쉬며 천장을 쳐다본다. 회장의 어깨에 손을 얹으려다가 또 마음이 약해져 창가에 가서 멍하니 거리를 내려다보기도 한다.

청년은 용감하다. 청년은 기계적일 수 있다. 그래서 청년인 수행비서는 흔들어 깨우는데 주저함이 없는지 모른다. 마흔이 된 남자는 그렇지 못하다. 용기가 부족해서 일지 모른다. 청년에 비해 피곤함의 무게를 알기 때문일 수도 있다. 아내도 있고 자식도 있는지라 인간에 대한 애정의 폭과 깊이가 달라서 일 수도 있다. 인간의 고뇌를 이해하고 아픔을 함께 나누고자 하는 마음이 있을 나이이기 때문일 수도 있다.

그러나 어쩌랴. 마음을 다져 먹는다. '몇 분이 지금 이분에게 무슨 묘

약이 되겠는가? 안타깝지만 깨우지 않을 수 없는 형편인 것을.' 마음에 독기를 불어 넣으며 다시 침대로 다가 선다. 조심스럽게 회장의 몸에 손을 얹고 흔들며 나지막이 말한다.

"회장님, 일어나시죠!"

"응, 응, 지금 몇 시야?"

아무리 잠결이라 해도 깨워드리지 않을 수 없는 시간에 깨워드리는 것을 모를 리 없을 텐데, 굳이 시간을 묻는 것은 일어나야 한다고 자신에게 다짐을 하는 말 같기도 하고, '조금만 더 자면 안 돼?' 하면서 응석을 부리는 어린 아이의 모습 같기도 하다. 하기야 남자는 영원히 어린애인지 모른다.

회장이 일어나서 화장실로 들어간다.

나는 후 한숨을 내 쉬며 회장의 뒷모습을 바라본다.

저분이 무엇을 위해 모자라는 잠을 떨치며 새벽 같이 일어나야 하나.

아려오는 가슴을 저미며 내 방으로 돌아온다.

생일 날 집 떠나는 사람

회장의 생신은 양력으로 12월 19일이다.

회장은 그날 회사 경영층 가운데서 대략 60명 정도를 방배동에 있는 자택으로 초대해 축하연을 갖는다. 축하연이라고 해도 한 자리에 앉아서 축하를 드리고 답사를 하고 그리고 축배를 드는 등의 격식을 갖추어 진행하는 일은 없었다.

집에 60여명이 함께 앉을 자리가 없으니 물리적으로 불가능했다. 굳이 격식을 갖추려면 호텔 같은 데로 장소를 바꾸면 되는데 회장은 자택을 선호했다. 회장은 돈으로 밥을 사는 것이 아닌 집에서 가족들이 대접하는 마음을 표현하고자 했음이다. 틀에 얽매이는 것을 아주 싫어하는 회장의 성향 때문이기도 하다. 회장은 연출을 싫어한다. 의식을 치르면서 누군가가 자신을 치켜세우는 말을 하게 될 텐데 그런 말 듣기를 몹시 쑥스러워 한다.

정해진 시간도 없었다.

초대 받은 사람들은 오후 여섯 시 경부터 각기 형편대로 아무시간에나 알아서 온다. 불가피한 약속이 있는 사람은 미리 와서 잠깐 앉았다 가기도 한다. 지정석 같은 것은 물론 없다. 거실 안방 아래층 위층 가릴 것 없이 오는 순서대로 자리를 차지한다. 미리 마련한 봉투가 도착하는 사람에게 하나씩 주어진다. 두어 시간 보내기에 적당하다 할 그리 두껍지 않는 봉투다. 삼삼오오 모여 앉아 고스톱 포커 마작 바둑 같은 놀이를 하면서 시간을 보낸다. 마작이나 포커나 바둑은 대체로 상대들이 있다. 고스톱은 앉은 자리에서 아무하고나 한다.

자리에 앉아 있으면 술과 안주가 나온다.

손님 접대를 위해 딸 아들 동서 조카 등등 가족 가운데 동원 가능한 사람은 모두 동원된다. 접대 책임자는 회장 부인이다. 예쁜 한복 위에 앞치마를 두르고 빼곡히 앉아 있는 손님들 사이로 부지런히 음식을 나른다. 그날은 힐튼호텔의 회장이 아닌 대우그룹 회장의 부인이다. 그냥 알뜰하고 친절하고 배려 깊은 여염집의 주부다. 회장 부인이기에 감히 먼저 말을 건네는 사람은 없지만, 아름답고 매력 있는 여인이라는 느낌은 일치하는 듯했다.

모두가 웬만큼 거나하게 되었을 때가 되어서야 회장은 헐래 벌떡 집으로 들어온다. 몹시 미안해하면서 비워둔 자리에 앉기가 무섭게 뚝딱 밥 한 그릇 해치우고는 마작이나 포커 자리에 끼어 앉는다. 두어 시간쯤 지나서 떠난 사람도 있지만 대부분의 손님들은 그대로 앉아 게임을 계속하고 있는데 회장은 자리에서 일어선다. 수행비서를 데리고 비행장으로 나간다.

내가 대우에서 일한 20년 동안 회장은 언제나 생일 날 집을 떠났다.

왜 그날 꼭 집을 나서야 하는지 나는 궁금했다.

무슨 곡절이 있는 건가. 혹시 도사를 자처하는 이의 권고가 있었던 걸까. 아니면 심리적 징크스 같은 게 있는 걸까. 모두 아닌 것 같았다. 회장은 점이나 신수 같은 것에 관심이 없는 게 분명했다. 징크스에 흔들릴

유약한 정신상태는 더욱 아니었다.

해가 지나면서 나는 해답을 찾았다.

아무리 일밖에 모르는 김우중 회장이지만 연말연시에 회사 임원들을 불러내는 일만은 삼가려는 배려가 내심에 있었을 것 같다.

12월 19일의 행선지는 100% 유럽이다. 크리스마스 하루나 이틀 전에 유럽을 떠난다. 크리스마스에 유럽에 있어도 만날 수 있는 사람도 없을 터이고, 유럽 지사의 임직원들을 위해 유럽을 떠나주어야 하는 것은 서울에서와 같은 배려였을 것이다.

다음 행선지는 아프리카다.

수단이나 나이지리아에 주로 갔는데 리비아에 우리 근로자가 수천 명이 되었을 때는 거의 리비아로 갔다. 모두 회교국이다. 회교 국가에는 크리스마스가 휴일이 아니므로 일하면서 보낼 수 있는 안성맞춤인 곳이다. 유럽을 순방 중이던 그 나라의 유력인사들이 크리스마스에는 모두들 자기 나라에 돌아가기 때문에 그들과의 면담일정을 만들기도 수월하다. 가족들을 떠나 먼먼 타국에서, 그것도 살인적 모래 바람이 부는 건설 현장에서, 설날을 맞는 임직원들과 함께 떡국을 먹으면서 회장이 그들의 곁에 와 있다는, 그들과 함께하고 있다는 메시지를 주려했음이 무엇보다도 중요한 고려 요소였던 것 같다.

회장의 입으로 말한 적이 없으니 '같다' 라고 표현할 수밖에 없다.

램스테이크와 일본 라면

스위스의 취리히를 출발한 회장의 전세기는 아이보리코스트의 아비장에서 급유를 하고 다시 날아서 새벽에 앙골라의 수도 루안다(Luanda)에 도착했다.

장장 열 시간이 넘는 비행.

비행기의 문이 열리고 트랩 앞에 서자 증기 사우나에 들어 설 때와 같은 후끈한 열기가 알 수 없는 고약한 냄새와 범벅이 되어 코 속으로 밀려들었다.

100미터 쯤 떨어진 공항 청사의 희미한 불빛밖에 아무런 빛도 없는 깜깜한 어둠 속을 뚫고 안내자를 따라 공항 건물로 들어섰을 때, 나는 6·25 전쟁 이후 내가 자랐던 시골의 버스 정류장을 떠올렸다. 가로등 하나 없는 도로를 달리면서 나는 회장이 왜 여기를 왔나하는 의문에 잠겼다.

앙골라. 사회주의 국가다.

소련의 지원을 받는 정부군과 자유 진영의 지원을 받는 반정부군 간에 내전이 벌어지고 있는 나라다. 소련의 군사 고문단, 쿠바와 북한의 전투 부대가 정부군을 지원하고 있는 나라다.

아무리 석유가 나고 상당한 매장량을 보유하고 있어 내전이 끝나면 굉장한 재건 사업이 기대된다고는 하지만 여기를 불쑥 찾아오다니. 회장은 겁이 없는 사람인가, 무모한 사람인가, 기회를 앞에 놓고 리스크를 과감히 거머쥐는 불세출의 경영자인가?

회장과 일행은 안내받은 호텔에서 서너 시간 눈을 붙이고, 아침 8시 조찬회동을 시작으로 하루의 일정에 매달렸다. 우리를 초청한 국영석유

회사에서 현황 청취를 하고 총리를 예방했다.

오고 가면서 우리 일행은 잘못된 정치가 세상을 얼마나 피폐하게 하는지를 보았다. 소련이 지어서 기증했다는 우리가 투숙한 호텔 하나를 제외하면 5층 넘는 건물이 눈에 보이지 않았다. 그나마 낡고 부서지고 사람 사는 모습을 갖고 있는 건물이 아니었다.

도로의 아스팔트는 여기저기 파이고 갈라져 모래 바닥이었다. 아동들이 맨발로 거기를 걸어가고 있었다. 어린아이들의 발이 뜨거운 바닥에 데지 않을까 염려스러웠다.

우리는 국영석유회사 총재가 주최하는 만찬에 초대되었다.

애피타이저와 스프와 샐러드 등에 이어서 메인 디시가 나왔다. 커다란 접시에 500그람은 족히 될 것 같은 양고기 스테이크가 놓여있었다. 피가 흥건했다. 나는 미디엄 웰던(Medium Well-Done)을 주문했는데 웬 피냐, 싶었다. 웰던(Well-Done)을 주문해야 하는 건데 후회스러웠지만 늦었다.

나는 잡식성이다. 아무거나 있으면 입에 넣고 배가 차면 OK다. 그런데도 그 스테이크는 먹을 수가 없었다. 피가 기분을 상하게 한데다 느끼하고 이상한 냄새가 너무 역겨웠다. 가장 자리에 익은 부분을 조금씩 잘라 입에 넣으면서 나는 이따금 회장 쪽을 힐끔거렸다. 회장은 큼직큼직 썰어서 입에 넣고는 몇 번 씹지도 않고 꿀꺽 삼켰다. 앞에 앉은 석유공사 총재에게 아주 맛있다고 하면서 요리를 어떻게 하느냐고 묻기까지 했다. 총재는 신이 났는지 주방장을 불러서 요리법을 설명하게 했다. 우리 일행 아무도 그 스테이크를 다 먹지 않았지만 회장은 접시를 말끔히 비웠다. 내 머리에서 탄성이 터져 나왔다.

'어떻게 저토록 능청스럽게 외교적인 행동을 할 수 있단 말인가.'

'저건 조직의 책임자만이 할 수 있는 연극이다.'

커다란 감동이 내 몸을 꽉 채웠다.

호텔에 돌아오자 회장은 나에게 라면 가지고 온 것 있느냐고 물었다. 마침 스위스에서 몇 개 사온 일본 라면이 있었다. 지금은 세상 어디에 가도 우리나라 라면이 있을 테지만 그때는 안 그랬다. 서울을 떠날 때 라면을 갖고 와야 했는데 준비 부족이었다. 취리히 슈퍼에서 국물 맛이 밋밋해 별맛인 일본 라면을 그냥 몇 개 들고 온 것인데 그나마 다행이다 싶었다. 호텔 종업원을 불러서 라면 세 봉지를 주고 끓여 달라고 했지만 말이 통하지 않았다. 그들은 포르투갈어를 쓴다. 재치 있는 최 전무가 냄비에 물을 붓고 라면을 넣어 끓이는 그림을 그려주었다. 그리고 한참이 지났는데도 라면이 올라오지 않았다. 나는 최 전무와 같이 부엌에 내려갔다. 부엌에 거의 다 갔을 때 한 여인이 커다란 솥을 들고 나오고 있었다. 큼직한 키에 엄청나게 뚱뚱해서 가히 거인 같았다.

우리는 솥을 들여 다 보았다. 물을 잔뜩 붓고 얼마나 끓였는지 라면가락이 우동가락같이 퉁퉁 불어 있있다. 기가 막혔다. 어쩌거나. 방으로 가져 올 수밖에. 면구스러움을 꾹 참고 유리컵에 나누어 담아 회장께 드렸다. 회장은 라면을 후룩후룩 삼키고서 국물을 주욱 마신 뒤 컵을 테이블에 놓으면서 "아, 맛있다. 인제 좀 살 것 같다."라고 했다.

양고기가 얼마나 구미에 안 맞았으면 퉁퉁 불은 일본라면을 드시고 저렇게 감탄을 할까.

성품이 깔끔하고 솔직한 회장이 그렇게 연극을 하면서 뛰어 다녔다.

벌써 20년 전의 일이지만 이 글을 쓰는 지금 내 가슴을 가득 채우고 있는 것이 눈물인지 한탄인지 모르겠다.

맥도날 하나 시켜줘

김우중 회장의 행동양태 가운데 잘 알려진 것들이 몇 가지 있다.

아무데나 앉으면 졸거나 잔다는 것, 음식을 가리지 않는다는 것, 음식을 무지하게 빨리 먹는다는 것 등이 대표적인 사례들이다.

회장은 서울역 건너편에 있는 대우빌딩에서 광화문까지 가는 자동차 안에서도 존다. 김해공항에서 창원공장까지 10분이 채 안 걸리는 헬리콥터 안에서도 존다.

그는 한식당이 될 때는 한식을 선호하지만 없으면 무엇이라도 좋다.

이것 저것 시키지도 않는다. 한두 개 딱 먹을 만큼만 시킨다. 그러면서도 저녁을 두 번 먹는 것을 사양하지 않는다. 초대를 받아서 호스트가 일방적으로 정해놓은 메뉴라도 주저 없이 해치운다. 그는 음식을 엄청나게 빨리 먹는다. 먹어 치운다가 알맞은 표현이 아닐까 싶다.

나에게는 그가 음식을 빨리 먹는 것은 불행이었고, 음식을 가리지 않는 것은 행운이었다.

회장을 수행해서 출장을 갈 때 나는 배가 고픈 경우가 많았다. 특히 아침 식사를 굶다시피 하는 경우가 비일비재였다. 비즈니스 조찬이 아니고 우리 일행들만 식사를 할 때가 그러했다. 일행들이 식당에서 음식을 주문하면 웨이터(또는 웨이터리스)가 회장에게 먼저 서브를 한다. 비록 동안이지만 머리가 하얗고 머리칼이 성긴 데다가 가운데 자리에 앉아 있는 회장을 그들이 놓칠 리 없다. 외국 호텔들은 우리나라 호텔에 비하면 움직임이 크게 굼뜨다. 성질 급한 사람 속 터지기 딱 좋게 느리게 서브된다. 말석에 앉은 내게 음식이 올 때쯤이면 회장은 식사를 끝내고 담배를 꺼내 든다. 담배를 한 모금 빨아들이고 후 불어 내면서 회장은 일어선다.

"천천히 먹어."라고 말한다. 참으로 친절한 말씀이다. 이왕 친절하려면 자리에 앉아서 말씀해주면 더 좋았을 것이다. 밥을 늦게 먹는 게 천성이나 다름없는 나는 반도 못 비운 채 일어설 수밖에 없다.

회장이 아무 음식이나 잘 드시는 것은 비서에겐 굉장히 편한 일이다.

회장 비서로서 6년 세월에 딱 한 번 음식 취향 때문에 곤혹스러웠던 기억이 있다. 언젠가 홍콩에서의 일이다.

그날은 일찍 호텔로 돌아왔다. 저녁 약속도 없었다. 그럴 땐 비서는 괴롭다. 아무리 회장의 식성이 좋아도 비서는 저녁 걱정을 하지 않을 수 없기 때문이다.

여섯 시가 가까운 시간에 급히 만나야 할 사람이 생겼다. 나는 잘됐다 싶었다.

그런데 그게 아니었다. 회장이 C 전무와 같이 나가면서 30~40분이면 돌아 올 것이니 '맥도날' 햄버거를 사다 놓으라고 했다.

마침 인근에 '맥도날' 가게가 있었다. 나는 40분에 맞춰서 햄버거를 사들고 들어왔다. 그러나 회장은 돌아오지 않았다. 10분 20분이 흐르고 햄버거는 식어갔다.

식은 햄버거처럼 맛없는 음식이 있을까. 때마침 회장의 둘째 아들이 방으로 들어왔다. 아들이 왜 거기 와 있었는지 기억이 없다.

그가 햄버거를 보더니 먹어도 되느냐고 했다. 그가 식은 햄버거를 먹어치웠다.

아버지를 닮아서인지 그도 먹성이 좋아보였다. 그 무렵 회장이 들어왔다. 나는 얼른 호텔 룸서비스로 햄버거를 주문했다. 조금 뒤에 김이 모락모락 나는 햄버거가 손수레를 타고 들어왔다. 고급스럽고 먹음직스러워 보였다.

햄버거 앞에 앉은 회장이 말했다.

“이거 ‘맥도날’ 아니잖아?”

“회장님, 늦게 오셔서 선협이가 먹었습니다.” 라고 대답했다.

“맥도날 먹었으면 좋겠는데,”

나는 몹시 당황했다. 호텔 햄버거는 ‘맥도날’ 과는 비교도 안 되게 고급인데 그걸 싫다고 할 줄 몰랐다. 그럴 줄 알았으면 아들이 먹을 때 얼른 나가서 하나 더 사오는 건데 내가 센스가 부족했던 게 아닌가 싶다.

“회장님, 가게가 바로 앞에 있습니다. 금방 사오겠습니다.” 라고 말했다. 회장이 “아니야, 됐어. 이거 먹자.” 라고 말하고 뚝딱 먹어치웠다.

42 김기스 칸 vs 칭기즈 칸

세상만사 양면이 있다.

융통성이 없으면 복잡한 세상사에 대응하기가 어렵지만 융통성이 언제나 좋은 것은 아니다. 그날은 내게 융통성이 없는 쪽이 좋을 뻔했다.

회장을 수행해서 해외 출장을 다닌 날이 적어도 500일은 될 터인데 여러 번 배가 고팠으니 얼마나 불운이며, 단 한 번 밖에 곤혹스러웠던 기억이 없으니 얼마나 행운인가 말이다.

상하이 가는 길

지금은 인천공항에서 비행기로 두 시간 거리에 있는 상하이.

회장의 세 번째 중국 여행이었던 그때, 1985년에, 상하이 가는 길은 멀고도 험했다.

김포를 출발하여 홍콩에 도착한 뒤 하룻밤을 보냈다.

다음날 아침 홍콩에서 마카오로 가는 페리를 탔다. 마카오 항에서 택시로 중국 국경에 이르러 100미터쯤 떨어져 있는 중국 출입국 관리사무소로 갔다. 빈 종이에 푸른 색 스탬프가 찍힌 입국허가서를 받아들고 사무소의 중국 쪽에 대기하고 있던 차량으로 이동. 짐을 싣고 사람이 모두 탄 것을 확인한 뒤 자동차는 광저우 역으로 향했다.

광저우로 가는 도중의 농가들은 비교적 윤택해 보였다. 중국에서 가장 경제가 앞서있는 광동성이니 그랬겠지만, 중국 최초의 개방지역인 그 지역을 드나드는 외국인의 눈을 위해 인위적으로 포장했을 수도 있겠다는 생각도 해보았다. 3시간쯤 걸려서 광저우 역에 도착했다.

역 광장에 내려진 짐은 퍽 많았다. 일행들의 개인 짐이라야 비행기에 들고 들어가는 작은 가방 달랑 하나였고 모두가 업무 관련 짐들이었다. 큼직한 프로젝터와 슬라이드를 꽂은 릴이 든 가방, 그룹 6개 회사의 카탈로그가 수십 권씩 들어있는 가방, 상하이 남경 무한 항주 등지를 돌면서 만나게 될 많은 사람들을 위한 의례적인 선물 가방 등 여러 개의 가방이 모두 크고 무거웠다. 거기까지는 이럭저럭 가져왔는데 광저우 역 광장에 내려놓고 보니 이렇게 많았던가 싶었다. 기온은 30도가 넘고 습도도 높아 짜증스러운 날씨였다. 광장에서 상하이행 열차의 홈까지 짐을 옮기는 일이 난감하게 느껴졌다. 회장이 좀 가벼운 듯 보이는 짐을 양손에 번쩍 들고 빠른 걸음으로 움직였다. 일행 모두가 양손에 짐을 들었다. 기차에 올랐을 때 나의 드레스셔츠는 땀에 푹 젖어 있었다. 회장도 일행도 모두 그랬으리라. 열이 많은 회장께서 얼마나 더우셨을까. 짐을 옮겨주어서 고맙지만 한편 면구스러웠다.

저녁은 기차에서 먹었다. 중국음식을 좋아하지만 거기서 주는 음식은 느끼하고 역겨워 목구멍에 넘어가지가 않았는데 회장께서 먼저 뚝딱 그릇을 비우신지라 나도 억지로 집어넣었다. 눈치를 보니 일행들도 나와 마찬가진 듯싶었다.

밤 아홉시 경에 상하이 역에 도착했다. 우리는 그 짐들을 다시 택시로 옮겼다. 회장은 심천에서 들었던 짐 두개를 땀을 뻘뻘 흘리면서 옮겨주었다. 회장의 얼굴에는 귀찮다거나 싫다거나 뭐가 잘못되었다거나 그런 기색이 전혀 없었다. 오히려 일행들이 괴로워하지 않을까 걱정이 되는지, 그런 마음이 들지 못하게 미리 방비를 하려는 의도에서 인지 모를 일이나 씩씩하게 짐을 옮겼다. 그렇게 되면 비서된 사람은 몸 둘 바를 모르게 된다. 자동차가 상하이 시가지에 들어와서 점점 느려지기 시작하더니 우리가 유숙할 호텔 가까이 와서는 차가 움직이질 않았다. 택시 기사의 설명인즉, 영국 엘리자베스 여왕이 그날 거기에 와 있어서 그 여

파로 복잡하다는 것이었다. 회장이 호텔까지 얼마나 남았느냐고 물었다. 약 300미터 정도 남았다는 기사의 대답이었다. 성질 급한 회장이 걸어가겠다고 차에서 내렸다. 나와 다른 중역 한 사람 그리고 중국인 안내자가 회장과 같이 걸었다.

도로를 따라 늘어 선 빌딩들이 상하이의 옛 영화를 짐작케 했지만 전기가 꺼진 건물들은 당시의 우울한 중국을 웅변해 주고 있었다.

호텔 건물은 장중했지만 로비는 어둡고 오래된 건물 특유의 텁텁한 냄새가 났다. 중국의 낡음과 어두움과 무거움이 거기에도 있었다. 회장이 방으로 들어 간 뒤 나는 로비에 내려와 일행을 맞이했다. 차를 타고 온 그들이 걸어온 사람보다 늦었다.

밤 12시가 가까워오고 있었다. 회장의 가방을 들고 회장 방에 올라가니 회장은 샤워를 마치고 수건으로 몸을 가리고 화장실에서 나오고 있었다.

"김 부장. 오늘 힘들었지."

평소의 회장답지 않은 조용하고 은근한 말투였다.

"모두 고생들 했는데 오늘은 푹 쉬도록 하지."

회장은 출장 중에 호텔에 도착하면 어김없이 수행원들과 회의를 한다. 그날을 돌아보고 다음날의 일을 상의하기 위해서다. 밤이 늦었다고, 고생을 했다고, 그런 이유로 일행들을 풀어주는 것 역시 평소의 회장답지 않은 일이었다. 아마도, 상하이 가는 길이 그만큼 멀고 험난했음을 증명 해주는 것이었으리라.

이 글을 읽는 누군가가 '광저우 역이나 상하이 역에 짐꾼들이 무더기로 있었을 터인데 왜 당신들이 직접 옮겨야 했소?' 라고 딴죽을 걸어온다면 할 말이 없다. 지금 생각해 보면 나 자신도 이해가 되지 않는다.

지가 이 땅에 있지

대우는 국내 어느 회사보다 교육비를 많이 투입하는 회사였다.

그것은 김우중 회장의 사람철학과 사람 키우는 열의에 기인하는 것이었다. 회장은 좋은 인재를 뽑는 일에도 관심이 컸지만 입사 후 교육에 열정을 쏟았다. 회장은 중앙연수원의 역할에 무게를 두었다. 회사에 필요한 직무는 각 회사별로 시행하지만 관리자 양성을 위한 기본교육은 중앙연수원이 맡고 있었다. 회장은 이따금 '회장과의 대화' 시간을 편성해서 직접 강사로 참여하기도 했다. 회장의 시간은 대개 저녁식사 후에 편성이 된다. 대화가 끝나면 대부분의 경우 연수원 숙소에서 주무신다. 회장이 주무시는 것 그 자체만으로도 연수원 교수들은 크게 고무된다. 중앙연수 조직을 가장 많이 찾은 경영자는 GE의 잭 웰치 회장이라고 알려져 있다. 언젠가 GE의 중앙연수원인 그로톤 스쿨(Groton School)에서 일박을 한 적이 있는데, 그때 나는 웰치 회장과 김우중 회장을 비교해 보았다. 누가 더 교육을 효과적으로 하는지는 알기 어렵지만 연수원에서 밤을 보내는 시간은 김우중 회장 쪽이 단연코 많은 듯했다.

1996년 나는 대우인력개발원 원장직을 맡고 있었다.

나의 직접 관리 하에 있었던 중앙연수원에는 하루평균 400명 가까운 관리직 사원들이 교육을 받고 있었다. 직급별 의무교육과정, 어학과정, 해외학위파견자과정, 임원과정, 해외법인인력장단기연수과정 등등 짧게는 일주일 길게는 2년 기간의 다양한 과정들이 있었다.

대우의 '세계경영'이 피치를 올리고 있었던 그때, 회장은 고위직 사원의 교육을 새삼 강조했다. 특히 해외의 독립거점에 파견되는 임원급들에게 포괄적인 경영관리 지식과 능력이 절실하다고 거듭 강조했다.

회장은 성적이 나쁜 임원은 인사상 불이익을 주는 기준을 세우도록 지시했고 임원 교육 결과는 반드시 보고를 받았다.(이 책 1장 '프랑스 군용 비행장에 불시착하다' 참조)

젊은 간부 사원들은 정규 수업이 끝나면 휴게실을 찾기 마련인데 비해 40대 장년이거나 50대의 중늙은이인 임원들은 새벽녘까지 공부에 매달렸다. 목을 걸고 공부를 한다고 해야 옳을 것 같았다. 컴퓨터실에 앉아서 돌아가지 않는 손가락으로 토닥토닥 컴퓨터 자판을 두드리는 모습을 보면 안쓰럽기도 하고 우습기도 했다. 타자 실기 수업에 대해 그들은 불만이 있었다. 서류 작성은 실무 직원들이 하는 것인데 왜 자기네들 높은 사람에게 타자까지 하라 하느냐는 논리였다. 원장인 나의 의견은 달랐다. 요즈음 세상에 운전과 컴퓨터 운영은 마치 한글을 읽고 쓰는 것과 같은 일이다. 짧은 이메일을 보내면서 일일이 부하에게 시킬 수는 없는 노릇이다. 본인이 PC 앞에 앉으면 금방 처리할 수 있는 일들을 밑에 사람에게 시키면 절차도 번거롭고 긴 시간 소요되는 등 비효율이 이만저만이 아니다. 타자를 남에게 시키는 일은 시대적 추세에 맞지 않는다는 등의 주장이었다.

영국 총리가 여성 장관이 타이핑을 늦게 한다고 타자수를 불러서 대타를 시킴으로써 장관에게 망신을 주었다는 보도는 내 논리가 옳았음을 뒷받침해 주는 에피소드다.

그렇더라도 그들에게 고생을 시킨 일에 대해서는 지금이라도 사과를 드리고 싶다. 하지만 그들은 그때 타이핑 능력을 높인 것이 업무에는 말할 것도 없고 사생활에도 크게 도움이 된다고 사과를 거부하지 않을까 싶다. 어쩌면 '그때 당신 참 잘했소.' 라고 칭찬을 해줄지도 모르겠다.

주니어 사원들의 초미의 관심사는 학위 과정이었다.

대우는 매년 평균 40명 정도의 사원들을 미국 등 선진국 대학에 석사학위나 박사학위과정에 파견했다. 석사 학위는 2년이면 끝나지만 박사과정은 최소한 3년에서 5년이 걸렸다. 분야별로 미국 내에서 상위 20위 안에 들어가는 학교에만 파견을 허락했기 때문에 희망자들의 사전 노력도 클 수밖에 없었다. 명성이 있는 학교들은 학비도 높다. 당시 년 평균 5만 불 이상의 예산이 들어갔다. 가족의 생활을 고려해 급여는 별도로 지급했다. 해외 학위 과정을 향한 사원들의 열망은 엄청났고 그만큼 경쟁도 심했다.

학위를 받고 돌아와서 회사를 떠나는 경우가 이따금 있어 인사팀의 골치를 아프게 했다. 엄청난 자원과 시간을 투입해서 교육을 시키는 데에는, 회사를 위해 기여해 달라는, 또 회사에 더 기여하겠다는 암묵적, 윤리적 동의가 내재해 있다. 더 좋은 기회가 있다고 훌쩍 가버리는 것은 몰염치하고 신의를 저버리는 행위다. 무엇보다도 걱정스러운 것은 직원들의 사기에 여러 가지 부정적 영향을 주는 일이었다. 작용이 있으니 반작용이 따른다. 인사팀은 의무근무 연한과 배상조건 등이 담긴 계약서에 파견 전 서명하게 하는 제도를 만들어 시행하고 있었다.

언젠가 3년 기한으로 박사 과정에 파견된 사원이 6년이 되도록 학위를 마치지 못해서 다시 6개월 연장을 요청해 온 적이 있었다. 그 일이 실마리가 되어서 유학 정책 전반에 대한 검토가 사장단 회의에 의제로 올려졌다.

의무 조항 부분에서 회장이 불쑥 "그런 거 하지 말지."라고 했다. 너무나 의외라 나는 회장을 바라보았다. '무슨 말씀을 하시는 겁니까? 라는 표정이었는지 모른다.

"못하겠다는 직원은 없었나?" 하고 회장이 다시 물었다.

"한두 명이 있긴 합니다만, 절대다수가 수긍하고 있습니다."

"기어이 간다면 어떻게 해?" 인사담당자에겐 답이 빤한 질문이었다.

"투입된 비용 전체를 본인이 배상해야 합니다."

"그 많은 돈을 어떻게 배상해? 아버지나 장인이 부자라면 모를까." 하면서 회장은 웃었다. 모두들 따라 웃었다. 회장이 말을 이었다.

"떠나고 싶지 않는 회사를 만들어야지. 떠나고 싶은 놈을 잡아 놓는다고 일 잘하나? 지가 우리 회사 떠나봐야 이 땅에 있지 어딜 가겠어?"

대우의 모든 파견교육에 의무사항이 없어졌다. 계약서라는 게 필요치 않게 되었다. 그 뒤 나는 인사팀을 떠났지만 이탈자가 급격히 많아지지 않았다는 것만은 확실하다. 내 자신이 덕 볼 일은 없었지만 회장의 배포가 고맙고 존경스러웠다.

죽을 지경이구먼

미국 5대 은행의 하나인 보스턴 은행 회장과 뉴스위크지 편집장이 방한했다. 김우중 회장께서 같은 날 은행장을 오찬에, 편집장을 조찬에 각각 초대했다.

오찬 참석자는 대우그룹사의 몇몇 사장들이었고, 조찬에는 소위 '재벌'의 범주에 속하는 회사의 2세들이 초청되었다. 지금은 그들 모두가 당당한 재벌의 총수들이지만 그때는 아직 후계자 수업을 받고 있는 2세들이었다.

회장은 당시 한 달에 한 번씩 그 2세들과 만찬 모임을 갖고, 매번 국내외의 지도자들을 초청, 연설을 듣고 토론을 했다. 이름도 없고 정관도 없는 비공식 모임이었다. '차세대재벌총수포럼'. 내가 붙여 본 이름이다.

회장은 그 모임에 아주 열성적이었다. 일 년이면 250일 이상 다니는 해외여행 일정을 짤 때 그 모임이 최우선으로 고려되었다. 회장이 왜 그 모임을 주관하고 그토록 열의를 보이는지는 알지 못했지만, 횟수가 거듭되면서 그들이 성큼성큼 진보하고 있다는 것은 쉽게 느낄 수 있었다. 모임은 몇 년간 계속되었고 꽤 높은 학습 효과를 거두었다고 평가되어도 좋을 듯했다.

모임의 실무가 그때 김우중 회장의 비서역(秘書役)이었던 내게 맡겨졌다. 그 행사 준비는 괴롭고 귀찮고 진력나는 일이었다. '없는 집에 제사 돌아오듯' 이라는 속담처럼 한 달에 한 번이 너무 자주 빠르게 다가왔다.

그분들을 한자리에 모으는 일이 제일 고역이었다. 한 달 전에 다음 모임의 일자가 정해져 있는데도 빠지는 사람이 늘어갔다. 모두들 일정에

쫓기기 때문이기도 하겠지만, 나의 느낌으로는 자기들도 다 재벌의 후계자들인데 김우중 회장이 모은다고 호락호락 오가고 할 것이냐는 내심의 오기 같은 것도 작동하고 있는 듯했다. 그룹의 덩치가 클수록 그런 냄새는 진했다.

무언(無言)이되 묘한 분위기를 풍기고 있는 것만은 분명한 그 2세들을 3~4일 전에 결정된 조찬에 전화로 초대하는 일이 잘 될까 은근히 걱정이 되었는데 뜻밖에도 순조로웠다. 뉴스위크 편집장이라는 주빈(主賓)의 희소성 또는 특수성 때문인지 해외출장 중인 분들을 제외하고는 모두가 참석한다고 했다. 마음이 가벼웠다.

행사가 있기 하루 전날, 다음날 일정을 들여다보시던 회장께서 "이게 이렇게 된 건가?"라고 했다. 혼자 말씀처럼 낮은 톤이었지만 미간에는 두서너 줄 주름이 잡힌 것을 보면 강한 의문이 담겨 있음이었다. 들고 있던 일정 사본을 보는 순간 나는 머리에 강한 전류를 느꼈다.

"어, 이거. 큰일 났는데요."

내 입에서 튀어 나온 말이었다. 비서가 회장 앞에서 관행적으로 쓰는 용어나 표현이 아니다.

편집장을 위한 조찬에 우리 회사 사장들을 초청하고, 은행 회장을 위한 오찬에 재벌 2세 들을 초청해 놓은 것이었다. 틀린 항목끼리 줄을 그었으니 빵점 답안인 셈이다. 하지만 내 점수가 빵점처리 되어서 해결될 일이 아니었다.

우리 회사 사장들은 비록 빡빡한 일정에 얽매여 있다 해도, 욕먹고 땀 좀 흘리면 수습이 될 수 있는 일이다, 스무 명이 넘는 그 콧대 높은 2세들의 일정을 어떻게 몇 시간 앞두고 바꾼단 말인가. 어쩧세 그런 엉터리 짓거리를 한 것인지 이해가 되지 않았다. 20년 가까운 조직생활을 통해 그토록 곤혹스러운 경험은 처음이었다.

참으로 난감한 순간이 길게 흐르고 있었다. 나는 잔뜩 새가슴이 되어 떨어질 불벼락을 기다리면서 어떤 호통도 어떤 처결도 달게 받으리라는 각오를 다졌다. 드디어 회장의 입이 움직였다.

"우리 회사 사장들께는 김 부장이 전화해서 상황이 바뀌었다고 해. 조찬에 오실 분들은 지금 전화를 연결해 줘. 한 사람씩 모두다."

회장은 약간 더듬었다. 회장은 급해 지면 약간씩 더듬는 경향이 있다. 회장도 몹시 다급하게 생각되었음이 분명하다.

회장은 통화가 연결된 분들에게, "일이 좀 틀려졌어. 점심이 안 되고 아침을 해야 할 형편이 되었거든, 어렵더라도 아침에 좀 나와 줘."라는 내용으로 말했다.

전화 저쪽 끝의 말을 듣고는 "아 그래, 고마워. 내일 봐."라고 응답하거나 "도저히 안 된단 말이지. 알았어. 분주하게 해서 미안해."라고 응답하기도 했다. 스물네 명에게 전화를 했는데 두 분을 제외하고 모두 참석이었다.

마지막 전화의 수화기를 놓으면서 회장은 "죽을 지경이구먼!"이라고 했다. 그 말에서 나를 힐책하는 것 같은 뉘앙스는 전혀 느껴지지 않았다. 가부를 체크한 대상자 명단을 내게 건네주면서 회장은 싱긋 웃었다. '내가 잘했지?' 하는 은근한 자랑이 담긴 표정이었다.

나도 웃었다. 참으로 멋쩍은 웃음임에 틀림이 없었을 게다.

회장실을 나오면서 길게 숨을 내 쉬었다.

화를 내면서 나더러 바로 잡으라고 했다고 하자. 나는 비서들을 통해서 연락을 해야 하는데 그 과정이 얼마나 복잡했을까. 회장이 직접 전화를 했으니 그들이 응했지 비서를 통해서 전달했으면 과연 몇 명이 좋다고 했을까. 전달된 명단의 절반만 참석했다면 회장 얼굴이 얼마나 구겨졌을 것이며, 편집장은 또 얼마나 신이 안 났을까. 등골에 땀이 흐르고 있었다. 회장의 절묘한 해법에 고개가 절레절레 흔들어졌다.

회장도 사람인데 소리를 지르고 싶겠지. 그러나 참는다. 소리를 질러서 해결 될 일이 아니다. 어떻게 그런 엉터리 짓을 했느냐고 따져 보고 싶겠지. 그러나 참는다. 따져 본들 시간만 갈 뿐이다.

앞일을 생각하자.

회장은 그 황급한 순간에 문제의 핵심을 파악하고, 비서에게 맡길 일과 자신이 맡아야 할 일을 구분해 낸 것이다. 그리고 곧 바로 자신이 해야 할 일에 착수한 것이다.

회장이 일과 사람을 대하는 태도다.

나는 그날 회장이 너무나 고마웠다. 진짜 멋쟁이라고 생각되었다.

봄빛을 받아 골짜기에서 얼음 녹아내리는 맑은 소리가 가슴에서 들리고 있었다.

주부사원과 대우어린이집

김우중 사장이 대학을 졸업한 기혼 여성들을 채용하라는 지시를 했다. 1980년대 초반의 일이었다.

그 시절 사회풍속도와 회사 관행에 비추어 보면 꽤 엉터리 발상이었다.

그때 여사원은 대개 고등학교 특히 상업고등학교를 졸업한 사람들이었다. 대학을 졸업한 여사원이 있었지만 숫자는 미미했다. 남자들은 27~8세, 여자는 24~5세 언저리에 결혼을 하던 시절이었다. 여자사원은 학벌에 관계없이 결혼을 하면 그만 두는 것이 상례였다. 고졸 여사원은 입사 후 5년 이상 10년 가까이 일을 하다가 그만 두는데 비해 대졸 여사원은 입사 후 1~2년 길어도 3년 안에 결혼을 하고 회사를 떠난다. 입사해서 2년은 지나야 웬만큼 일을 할 수 있는데 일 배우다 말고 하나씩 둘씩 빠져나간다. 사람을 뽑는 일부터 가르치는 일은 모두 돈과 시간과 노력을 요구한다. 돈들이고 시간들이고 애써서 가르쳐 놓았더니 일은 더 않고 가비리니 회사의 관리자들이 달가워 할 리가 없다. 회사가 대학을 졸업한 여자를 뽑지 않은 것은 자연스러운 일이었거나 불가피한 일이었다. 그런 세월에 집에서 애 낳고 살림살고 있는 여인들을 사원으로 맞아들이라는 회장의 지시는 참으로 엉뚱하다는 것이 회사 내의 반응이었다.

회장이 대우의 최고 의사결정 기구인 운영위원회에서 하신 말씀은 대략 이러했다.

경제가 발전하면 사회적 수준이 올라가고 개인과 가정의 욕구가 높아진다. 지금은 남자가 혼자 벌어서 가정을 꾸려가고 있지만 앞으로는 혼자 벌어서는 높아진 욕구를 충족할 수 없게 될 것이다. 안팎이 같이 벌어야 가정을 꾸려 갈 수가 있게 된다. 좋든 싫든 맞벌이가 사회적 추세가 될 것이다. 교육을 받았으면 그 만큼 사회에 기여해야 한다. 대학교육까지 시켜놓고 가사만 하게 하는데 그건 사회적 낭비이고 나라 발전에 걸림돌이 된다. 대우가 먼저 걸림돌을 제거하는 일을 시작하고 사회적 추세를 선도해 가자는 취지이다. (2000년에 나온 한 통계에 의하면 우리나라는 남자 혼자 밥벌이하기 세계 1위인 나라다.)

의문과 반대가 만만치 않았지만 회장은 소신을 관철시켰다. 약 45명의 기혼 여사원이 채용되었다. 대우는 그들을 '주부사원' 이라고 불렀다.

1993년 나는 대우자동차 경북지역 판매의 일을 맡아 대구에 주재하고 있었다. 그때 대우자동차의 경북지역 시장점유율은 6~9%였다. 현대자동차가 파업 같은 것을 하면 9%로 올라가고 정상화되면 6%로 환원되는 재미나는 현상이었다. 당시 대우자동차의 전국 점유율이 약 16%였는데 경북지역의 점유율이 16%만 되면 전국 점유율이 18%에 가까워지는 구조였다. 경북지역이 대우자동차의 바지가랑이를 잡고있는 형국이었다.

부임 후 두 달 뒤에 나는 회장께 3년 내에 경북지역 점유율을 30%까지 끌어 올리겠다고 보고했다. 대우국민차를 포함하지 않은 수치였다. 관리자들의 부풀린 보고에 이력이 난 회장은 내가 제시한 30%를 건성으로 들었을지도 모른다. 하지만 입 밖에 뱉어버린 그 수치는 나를 옥죄는 멍에나 다름 없었다.

자동차 시장은 소위 레드오션(Red Ocean)이다. 거기서 약자가 시장점유율 1%를 높이는 일은 결코 쉽지 않다. 3년 뒤 15%도 함부로 입 밖에 낼 수 없는 수치일 텐데 30%라고 했으니 열심히 하겠다고 말하려다가 너무 앞으로 나가 버린 게 아닌지 모를 일이다. 3년 뒤 과연 몇 %의 수치를 갖고 회장 앞에 서게 될지 나는 걱정이 이만저만 아니었다.

당장 차 한대를 파는 일이 발등에 떨어진 불이었다. 차를 사준 소중한 고객이 우리를 떠나지 않게 하는 일, 즉 '충성도가 높은 고객' 으로 유지하는 일이 다음 과제였다. 나는 이 두 가지에 심혈을 기울이는 한편 장기적 포석에 착수했다. 시장이 대우에 호의를 갖게 만들어 나가는 일이었다. 은근하고 끈기 있는 접근이 요구되는 일이었다. 나는 그런 마케팅 활동을 '시장 보약 먹이기' 라고 불렀다.

'대우아트센터' 는 보약 먹이기의 일환으로 만들어졌다.

중앙 홀을 둘러싸고 100석 정도의 공연장, 미술전시실, 30명이 둘러

앉을 수 있는 세미나 실, 그리고 15명을 수용할 수 있는 두 개의 교실이 있었다. 계단식으로 아늑한 의자가 비치된 공연장에는 멋진 음향 시설이 갖추어져 있었고 무대에는 그랜드 피아노가 놓여 있었다. 개인이건 단체건, 모두 무료로 쓰게 했다. 신참들이나 학생들이 주로 사용했다. 세미나실만은 무게 있는 학술 연구자들이 이용했다. 영어 교실이 하이라이트였다. 초등학교 5~6학년 학생 15명, 중학교 1~2학년 학생 15명 이렇게 두 개 교실을 구성했고 그곳 대학교에서 두 명의 원어민 교수를 유치했다. 역시 무료 교육이었다. 학부모들의 반향은 실로 뜨거웠다. 거기에 들어오기가 아마 요즈음 외국어 고등학교 들어가는 것보다 훨씬 어려웠을 듯하다. 경쟁률도 높았고, 넣어달라고 백을 동원하는 학부모도 있었다.

구미와 논공에 있는 공장을 시찰하고 자동차 본부에 들리신 회장께서 아트센터를 관심 있게 둘러보시고서, 고개를 끄덕였다. 긍정이 담겨있었다.

나는 대구 경북지역에 다섯 개의 '대우어린이집' 을 만드는 계획을 세웠다. '시장 보약 먹이기' 두 번째 프로젝트였다. 나는 회장께 이 구상을 보고하고 두 개를 먼저 하려하니 35억의 예산을 허락해 달라고 요청했다.

회장이 대뜸 물었다

"그 돈으로 할 수 있겠어?"

나는 할 수 있을 것 같지만 개념을 허락해주면 구체적인 연구를 하겠다고 대답했다. 회장이 독백을 하는 듯 자그만 어조로 말했다.

"우리가 주부사원을 뽑았지만 한두 사람만 남고 다 그만두었어. 자녀 양육문제가 가장 중요한 원인이었던 것 같아. 고등교육을 받은 여자들이 사회활동을 하게 해야 하는데, 자녀 양육을 맡아주는 데가 있어야 해."

회장의 머리가 긍정적으로 움직이는 신호였다. 잠시 눈을 껌뻑이던 회장이 "전국에 50개를 만들면 1천 5백억이나 2천억은 들겠군." 했다.

회장의 생각이 앞으로 나가고 있었던 거다.

"1천억 정도면 될 것 같습니다."

"엉터리로 만들어서 욕이나 먹고, 안 만드는 것만도 못하면 안 되지."

회장의 코멘트에 나는 좀 머쓱해졌다.

"잘해봐. 우선 한두 개 해서 경험을 쌓은 뒤에 더하면 되지."

회장의 입에서 떨어진 허락이었다.

대충의 윤곽만 보고 받고 바로 허락해준 회장이 고마웠다. 내가 시장에 보약을 먹인다고 한껏 두 개를 생각했는데 회장은 거기서 저만치 앞서나갔던 것이다. 그의 머리 회전에 새삼 혀를 내두를 수밖에 없었다. 주부들 일손이 나라의 장래에 기여하게 해야 한다는 소신을 버리지 않고 있었던 것이고, 주부사원제도가 실패하고 활성화되지 못했던 것을 기억하고 있었던 것이며, 그 핵심 이유도 가슴에 담고 있었던 것이다. 회장의 머릿속에는 대우와 나라가 늘 함께 있었던 거다.

나는 대우어린이집에서 뛰어 놀 어린이들을 머리에 그리며 신이 났다. 하지만 불행하게도, 나는 그 계획을 이루어 내지 못했다.

고려할 요소가 너무 많아 아트센터처럼 후딱 해치울 수 있는 일이 아니었다. 자동차를 파는 일이 워낙 화급했고, 부차적인 그 일은 뒤로 밀릴 수밖에 없었다. 내가 대우차 판매총괄 부사장으로 승진해서 본사로 전보된 뒤 그 일에 몰두하지 못했다. 서울에 와서 전국의 일을 살피느라 여유가 없었고, 부사장이라는 직위가 갖는 한계도 영향을 미쳤을 성 싶다.

아무튼 그 일을 이루지 못한 것은 후회스럽다.

출산율이 떨어져서 난리인 요즈음 세태를 보면 그때 30년 전과 20년 전, 회장의 선견지명이 새삼스럽다.

● 사족(蛇足) : 본사로 전보된 것은 대구에 간 지 꼭 2년이 지난 뒤였다. 그때 대구 지역 시장점유율을 23%, 경북은 27%였다. 티코(마티즈) 등 대우국민차를 포함하지 않은 수치다.

설악산과 지리산 사이

지금부터 30년 전쯤에 설악산에 대우가 운영하는 호텔이 하나 있었다.

적자에 허덕이는 호텔은 경영정상화라는 엄한 단서가 붙어서 대우에 넘겨졌다. 요즈음 같으면 웬만한 시골부자면 소유할 수 있는 규모의 호텔을 힘이 있는 쪽에서 대우가 맡으라고 했다하니 그때 대한민국의 경제규모가 얼마나 작았는지 미루어 짐작할 수 있다. 누가 그런 결정을 했는지 (정부인지 은행인지) 그건 이 지면에서 알바 아니다.

대우가 호텔을 수리하고 있는 중에 박정희 대통령께서 거기 오신다는 전갈이 있었다. 다급해진 대우는 수리에 박차를 가했다.

대통령이 오시기로 된 이틀 전 김우중 사장은 현장으로 출발했다.

자동차가 한계령(대관령인지도 모른다)을 내려가고 있을 때 브레이크가 고장 났다. 한계령 꼬불꼬불한 길 위에서 자동차 속도는 점점 빨라지고 있었다. 천 길 낭떠러지로 굴러 떨어질 것이 불을 보듯한 상황이었다. 차에는 김우중 사장, 건설 담당 부사장, 비서 그리고 운전기사 그렇게 네 명이 타고 있었다. 그 절박한 상황에서 네 사람이 각기 무슨 생각을 했을까 몹시 궁금하다.

꽝 소리와 함께 네 사람의 머리가 차의 천장을 찍었다. 차가 왼쪽의 산기슭을 받고 멈추어 선 것이었다. 기사가 이판사판으로 그쪽으로 핸들을 꺾은 것인지, 비몽사몽간에 부딪힌 것인지 그것도 알바 아니다. 자동차는 엔진룸 부분이 대파되었지만 모두 빠져 나오는 데는 문제가 없었다. 천행인지 다친 사람은 없었다. 반쯤 넋이 나간 모습으로 서로를 쳐다보고 있을 때 김우중 사장이 담배를 꺼내 물었다. 김 사장은 담배에 불을 붙이고 한 모금 길게 빨아서 후 연기를 뿜어 낸 뒤에 하는 말이 "난 운이 좋아." 였다고 한다.

어떤 기록에서 읽은 얘기다. 거기 타고 있었던 사람들이 공포에 떨었을 것쯤은 상상하기 어렵지 않다. 그런 위급 상황에서 김우중 사장은 누구를 탓하지 않고 정황의 중심에 자기를 놓고 자신의 일로 생각하는 묘한 사고 패턴이 있다. 이 책의 1장 9절 '죽을 지경이구먼' 에서도 김우중 회장의 이 같은 성향이랄까 태도를 읽을 수 있다.

내 경험 하나를 소개하려 한다.

그날 김우중 회장은 아침 비행기로 대구에 갔다. 거기 일정이 끝난 뒤에 대우조선 헬리콥터로 광주로 향발했다. 그날 오후에 광주지역에 있는 가족사 임원들과 회의를 갖고 다음날 오전에 광주 소재 군사학교의 학생 장교들과 대화시간을 갖게 되어 있었다. 헬리콥터가 대구를 떠날 무렵에 우중충했던 날씨가 서쪽으로 가면서 조금씩 무거워지고 어두워졌다. 지리산 쪽으로 접근하면서 더욱 나빠졌다. 간간히 빗방울이 떨어지고 바람도 불었다. 경남 함양쯤을 지나 지리산에 접근할 때 날씨가 더 사나워졌다. 조종사와 부조종사가 고개를 마주해가며 뭔가 의논을 하는 게 눈에 들어왔다. 나는 나보다 한 줄 앞에 앉은 회장을 보았다. 회장은 헬기가 그렇게 흔들리는데도 고개를 앞으로 푹 떨어뜨린 채 졸고 있었다.

조종사가 방향을 약간 바꾸더니 88고속도로 위로 낮게 날았다. 고속도로를 길잡이로 활용하려는 심산이었을 테다. 높은 산을 앞에 두고 조종사는 고도를 조금씩 높여갔다. 산 정상에 가까워졌을 때 우박 같은 굵은 빗줄기가 헬기 창문을 쾅쾅 두드렸다. 강풍이 비를 몰아 창에다 내팽개치는 듯했다. 헬기가 뒤뚱거렸다. 좌우 아래위로 거칠게 흔들렸다. 큰 연이 높은 하늘에서 속수무책으로 흔들리고 있는 것과 흡사했다. 회장이 눈을 뜨고 조용히 창밖을 내다보있다.

헬리콥터에는 조종사와 부조종사, 회장과 나 그렇게 네 사람이 타고 있었다. 뭔가 소통을 하고 있는 조종사와 부조종사의 목소리가 높아 보였다.

그들의 옆얼굴이 극도의 긴장감으로 파랗게 질려 있었다. 그들은 기체의 균형을 유지하려고 안간 힘을 쓰는 게 분명했다. 그들은 고도를 조금씩 낮추면서 천천히 방향을 돌렸다. 헬기는 오던 길을 되돌아가고 있었다. 고도가 낮아지자 바람의 심술이 잦아들었고 헬기가 어느 정도 안정이 되었다. 나는 흘긋 회장을 보았다. 회장은 말 없이 창밖을 내다보고 있었다. 헬기의 왼쪽으로 고속도로가 희미하게 보였다. 꽤 넓은 들판 위에 왔을 때 헬기는 완전히 균형을 회복하고 있었다.

논 위였다. 초가을이었으니 벼가 한창 쌀알을 영글고 있을 논이었다. 벼가 헬기 프로펠러 바람에 심하게 흔들리는 게 눈에 들어왔다.

회장이 내게로 고개를 돌리더니 논 위에 착륙하려는 거냐고 물었다. 논 위에 내리면 벼에 큰 피해를 줄 것이라는 걱정이 함의된 질문이었다. 나는 인터폰에 팔을 뻗었다. 조종은 전적으로 기장의 권한이며 책임이지만 어디 안전한 곳이 없는지 좀 더 살펴보자고 말할 심산이었다. 내가 인터폰을 막 누르려는데 기장과 부조종사가 뭐라고 주고받더니 헬기 고도를 약간 높이며 옆으로 이동했다. 나는 누르기를 멈췄다.

고속도로 휴게소가 보였다. 휴게소 앞 넓은 주차장에 마침 차가 없었다. 헬기는 거기에 착륙했다. 땅에 내려선 회장이 자기보다 덩치가 큰 조종사를 껴안아 주었다.

휴게소 소장과 직원들, 업장에서 일하는 사람들이 몰려나왔다. 친절하신 소장이 우리를 자기 방으로 안내해 주었다.

회장은 자리에 앉자말자 담배에 불을 붙였다. 깊이 한 모금 들이마시고, 길게 내뿜고 나서 회장이 나를 보며 싱긋 웃었다. 그리고 하시는 말씀.

"김 상무는 운이 좋은 사람이야."

나는 깜짝 놀라 엉겁결에 "운은 회장님이 좋으시지요."라고 응답했다. 순간 한계령의 에피소드가 머리에 떠올랐음이다.

나는 설악산과 지리산의 세월 사이에서 회장이 굉장히 원숙해졌다고 느꼈다. 한계령에서는 자찬이었는데 지리산에서는 상대에게 공(功)을 던져 준 것이다. 두 사람 중 누구 한 사람이라도 운 나쁜 사람이 있었으면 재난을 당했을지도 모른다는 의미가 내포되어 있었고, 개개인의 운과 노력이 팀워크로 짜일 때 훌륭한 조직이 이루어지고 성과도 거두게 된다는 깊은 메시지를 담고 있었던 듯하다.

소장이 따뜻한 차를 내왔다.

잠시 뒤 대구에서 광주로 가는 고속버스가 왔다.

마침 빈자리가 있어서 회장과 나는 그 버스에 올랐다. 승객들 사이 몇 군데서 "김우중이다." 하는 소리가 들렸다. 회장이 그쪽을 바라보면서 목례를 했다.

그날 저녁 광주 어느 한정식집의 밥맛은 일품이었다.

프랑스 군용 비행장에 불시착

1997년 초겨울로 기억된다.

그 무렵이 되면 모든 임직원들이 승진 문제로 신경이 곤두서있다.

그때 대우그룹의 인사와 교육을 관장하는 인력개발원장이었던 나는 연말 인사와 관련한 모든 준비를 마치고 회장실에 보고 시간 배정을 요청해두고 기다리고 있었다.

대개는 요청 당일 시간이 배정된다. 늦어도 다음 날에는 시간이 주어지는데 사흘이 지나도 아무런 하회(下回)가 없었다. 회장이 내 보고를 뒤로 빠신다는 비서실의 응답이었다. 비서는 매일 보고자 명단에 넣어 둘 테니 기다려 달라고 했다. 지나치리만큼 매사에 느긋한 것이 내 트레이드마크인데 시간이 자꾸 흘러 답답해하고 있던 어느 날, 회장의 긴급한 유럽 출장을 수행하라는 전갈이 왔다. 회장이 한 번 움직이면 사안에 따라 사장이나 임원들이 몇 명씩 따라 붙게 마련인데 그 출장에는 나와 수행비서 뿐이었다. 유럽의 도시까지 가는 상용 비행기 안에서야 기회가 있을 수 없지만, 거기서는 전세기로 이동함으로 시간과 공간이 모두 자유롭다. 나는 회장께서 차분히 검토해볼 요량이라고 짐작하고 쾌재를 불렀다.

내 짐작은 빗나갔다. 프랑크푸르트에서 전세기로 바꿔 타고 우크라이나 수도 키예프(KIEV)로 가는 두 시간 여, 키예프에서 대우자동차 우크라이나 공장이 있는 흑해 연안의 오데사(Odessa)로 가는 1시간, 회장은 월간 잡지를 뒤적일 뿐 내게 말을 걸어주지 않았다. 폴란드 수도 바르샤바(Warsaw)로 갈 때 회장이 나를 불렀다. 나는 팔에 자료들을 껴안고 회장 옆에 앉았다. 내가 손에 든 것들이 인사 자료라는 것을 회장께서 모를 리 없는데도 회장은 다른 얘기를 했다. 바르샤바에서의 회의는 새벽 시간에 끝이 났고 몇 시간 잠을 잔 뒤에 회장은 바르샤바를 떠나 파리로 향했다. 아침 10시에 파리에서 중요한 약속이 있어서였다.

파리 일원의 농무로 비행기가 착륙할 수 없었다. 파리 상공을 몇 바퀴 돌았어도 해가 뜨면 걷히기 마련인 농무는 걷히지 않았다. 스튜어디스가 회장에게 오더니 관제탑의 지시로 파리에서 비행시간 약 40분 정도 떨어져 있는 공항으로 간다는 기장의 말을 전했다. 나는 내심 기뻤다. 하늘이 내게 시간을 마련해주는 건가 싶었다.

비행기가 착륙한 곳은 군사공항이었다.

회장이 비디오를 보기 시작했다. 국내 방송사에서 연방 중이었던 사극이었던 것으로 기억한다. 나는 열 번도 더 본 인사자료에 눈을 얹어두고 회장의 움직임에 신경을 모으고 있었다. 비디오 한편이 끝나자 회장이 비행기에서 내려 공항 청사로 갔다. 청사라지만 플라스틱 의자가 열 개 정도 놓여있고 한 쪽에 자동판매기가 두 개 놓여 있을 뿐 썰렁한 분위기였다. 회장은 자판기 앞으로 가서 거기 진열된 물건들을 하나씩 살펴보다가 비서에게 초콜릿 하나를 가리키며 사라고 했다. 회장은 주머니에 돈을 넣어 다니지 않는다. 국내에서야 그래도 문제가 없지만 해외에서 혹시 혼자되시기라도 하면 어쩌려고 돈 한 푼 안 넣고 다니는지 알 수 없었다.

회장은 비서가 빼 온 초콜릿을 입에 넣고 음미를 하는 듯 천천히 씹었다. 스튜어디스가 파리 지사장의 메시지를 들고 왔다. 모든 약속을 6시간씩 미루었다는 보고였다. 회장은 잘했다고 전해 달라고 하고서 문밖으로 나가더니 스트레칭을 했다. 그리고 청사 주변을 어슬렁어슬렁 걸었다. 다시 청사로 들어오더니 비서에게 다른 초콜릿을 사라고 했다. 초콜릿을 씹는 회장의 표정은 즐거워보였다. 회장은 나와 비서에게 두 가지 초콜릿의 모양과 이름과 맛에 대해 묻기도 하고 당신의 느낌도 얘기했다.

기장이 와서 언제 이륙할지 모른다고 했다. 그곳에는 고속열차 TGV가 정차하는 역이 있었다. 우리는 택시를 타고 역으로 갔다.

회장은 "안개 덕분에 TGV도 타 보네." 하면서 의자에 앉아 몸을 움직여 보고 목을 등받이에 붙여보기도 하더니 "새마을보다 나을 거 없잖아."라고 했다. 열차가 속력을 내자 흔들림이 아주 적었다. 회장은 그것을 놀라워하는 눈치였다. 그 긴박한 몇 시간 동안 성질 급한 회장은 조금도 당황하거나 초조해 하는 기색 없이 느긋했다. 초콜릿을 먹으면서, 기차를 타면서 즐거워하는 태도가 호기심 많은 소년의 모습이었다. 내 좌석은 회장 바로 옆이었다. 혹시나 하고 기대를 했지만 빗나간 기대였다. 회장은 내 손에 들린 자료에 관심이 없는 듯했다. 서울에서 미루어진 사안으로 출장에 따라 오라고 하고서 시간은 넉넉한데 아무 말도 하지 않는 것은 평소의 회장과 영 다른 모습이었다. 나는 먼저 말을 꺼내지 않았다. 이유 없이 일을 미루는 성품이 아니라는 걸 잘 알기 때문이었다.

면담 장소인 파리의 호텔에 도착했을 때 다소의 시간 여유가 있었다. 회장은 기다리고 있던 대우건설 원자력담당 중역으로부터 보고를 받았다. 나는 약간 떨어진 의자에 앉아 회장을 바라보았다. 나는 그날 저녁 비행기로 서울로 돌아가게 되어있었다. 잔뜩 기대를 하고 왔는데 빈손으로 돌아가게 되다니 몹시 허탈했다.

파리 지사장이 다가왔다. 오전 10시에서 오후 4시로 미루어진 그 면담 인사들이 도착했음이었다. 그들은 원자력 관련 기술로 세계적 명성을 갖고 있는 회사의 회장과 그 참모들이었다. 지금 대우건설이 국내 최고의 원전 기술을 보유하고 있는 것은 그때 회장의 그런 노력의 결과가 아닐까 한다.

회장이 자리에서 일어서면서 "서울로 갈 거지?" 라고 내게 물었다. 이어서 "미안해. 바쁜 사람 불러 놓고 아무 얘기도 못해서."라고 하면서 씩 웃었다. 굉장히 면구스러워하는 웃음이었다.

나는 회장이 뭔가 매우 어려운 일을 구상하고 있음이 분명하다고 확신했다. 회장이 입을 여는 날 내게 떨어질 부하가 만만치 않을 것임에 가슴이 무거웠다.

비행기 출발까지 시간 여유가 있어서 몽마르트르 언덕이란 데를 가보았다. 안내해준 지사원에게 저녁 대접이라도 하려고 식당에 가자고 했더니 한식당으로 안내를 했다. 별로 먹지도 않았는데 80불이 넘게 나왔다. 너무 비싸다고 했더니 지사원 대답이 걸작이었다. 자기 주머니로는 한식당에 가기가 어려워서 나에게 바가지를 씌웠다는 것이었다. 조바심으로 가득했던 걸 빼면 참으로 편안한 일주일의 여행이었다.

회장이 귀국하던 날, 비서실로부터 저녁 9시에 회장실로 오라는 연락을 받았다. 회장은 해외출장에서 도착하면 통상 힐튼 호텔로 와서 목욕하고 이발을 한 뒤에 일을 시작한다.

내가 회장실에 도착했을 때 회장은 외부 손님을 만나고 있었다. 그 손님이 떠난 뒤에 끗발 센 사장들이 새치기를 했다. 그들이 새치기를 한 것이 아니라 회장이 내 보고를 뒤로 미루는 것이었다. 자정이 거의 다 되었을 때 회장이 방에서 나오면서 마지막 남은 나에게 "집에 빨리 가야 돼?" 라고 물었다. 우문(愚問). 이미 자정인데 빨리 가면 몇 시고 늦게 가면 몇 시인가. 어처구니없는 우문이 아닌가.

"아닙니다." 우문에 대한 현답(賢答)이었다.

"우리 같이 가면서 하지."

차 안에서 회장이 물었다.

"우리 임원이 몇 명이나 돼?"

회장의 머릿속이 아무리 복잡하다 해도 모를 수 없는 질문, 심상치 않음을 예고하는 질문이었다.

"이번에 승진인사를 마치면 임원은 500명이 넘고 이사부장은 약 600명이 됩니다." 하고 대답했다.

"내 생각에는…." 하더니 회장이 다시 물었다.

"5년 뒤에는 어떻게 될 것 같아?"

"이 추세대로라면 5년 뒤에 1,800명이 됩니다."

"큰일이네."

회장이 담배를 한 모금 깊이 빨아드리며 천장으로 시선을 돌렸다. 후우~. 담배를 허공으로 길게 내뿜으며 말을 이었다.

"어떻게 하려고 해, 김 부사장?"

마치 그렇게 되게 된 모든 책임이 내게 있고, 그 문제를 해결해야 할 책임도 내게 있다는 듯한 질문이었다.

나는 벙벙해져서 대답을 못하는데 회장이 말을 이었다.

"임원이 많아지면 조직을 잘라서 나누어 줘야지. 그렇지?"

"……."

"조직이 세분화 되면 조직 간에 벽이 생길 거 아니야. 임원들이 잔일 붙잡고 씨름하고, 간부 사원들은 임원만 쳐다보고, 활력이 떨어져. 죽은 조직이 되는 거지. 조직은 단순해야 하고 업무가 하부로 넘겨져야 해. 임원수를 줄이는 수밖에."

회장 댁 응접의자에 마주 앉았을 때, 나는 한 장으로 된 자료를 회장 앞에 내 놓았다. 5년 뒤에 당시 수준인 1,100명으로 유지하는 방안이었다. 회장이 고개를 흔들었다.

"이런 느슨한 계획으로 목표를 달성할 수 없지." 멀뚱한 눈으로 회장을 바로 보는 나를 향해 회장이 쐐기를 박았다.

"안 그래, 김 부사장."

"회장님, 앞으로 5년간 조직이 많이 커지지 않겠습니까."

회장이 말없이 볼펜을 꺼내들더니 임원 숫자 위에 250명, 이사부장 숫자 위에는 450명이라고 적고서 "회사가 지금보다 두 배 커져도 임원 수가 이 정도면 끌고 갈 수 있어. 내년 1년 안에 이렇게 만들어."라고 말씀했다.

나는 "회장님, 이건 혁명인데요."라고 말했다.

연말 인사가 끝나면 1,200명이 넘게 된다. 그리고 5년 뒤면 1,800명으로 늘어난다. 그걸 막기 위해 5년 뒤에 1,100명이 되게 하려는 안을 만들고서 가히 혁명이라고 생각했는데 700명으로 줄이라니 진짜 혁명을 하지 않으면 어려운 일이었다.

회장이 나를 힐끗 쳐다보았다. 무슨 의미인지 나는 알지 못했다. 내 표현이 좀 지나쳤나 걱정이 되었다. 회장은 다시 담배를 입에 가져갔다. 이어진 회장의 말은 낮고 조용하고 차분했지만 결기가 있었다.

"그래, 기조실장하고 상의해서 혁명적으로 한 번 해 봐."

내가 그해 임원승격 문제를 갖고 조바심을 하는 동안 회장은 5년 뒤

또는 10년 뒤의 회사를 머리에 그리고 있었던 거다. 임원을 줄여야 한다는 것. 그것은 당위였다. 누구도 앞서서 깃발을 흔드는 사람이 없었다. 회장이 깃대를 잡은 것이다. 하지만 워낙 격심한 고통이 따르는 일이라 차마 말을 하지 못하고 오래 머뭇거렸던 거다.

사장들의 얼굴이 떠올랐다.

부장이하 직원들의 인사는 사장들이 전권을 갖고 한다. 임원인사도 사장들이 하지만 회장의 재가를 받는다. 기조실은 각사 임원의 쿼터를 정해주는 역할만 한다. 그러니 혁명의 칼을 휘둘러야 할 사람은 그들이다. 그들의 고뇌가 얼마나 클까 안타까웠다.

나는 마음속에 천근의 납덩이를 느끼며 자리에서 일어섰다.

"자동차 있어?" 회장이 물었다.

"먼저 보냈습니다."

회장이 경비원에게 다녀오라고 지시했다.

회장의 방침이 명쾌했고 댁의 자동차를 내어준 덕분에 나는 '빨리 가야 될' 일이 없는 집에 빨리 올 수 있었다. 새벽 한 시 반이었다.

2장 정혜신 선생께 답합니다

9년 세월이
저를 어느 만큼은 원숙하게 만들었을 것 같은데
책을 다시 읽으면서
여전히 부들부들 떨리니
제가 아직도 덜 숙성된 건지
선생의 논리가 그 만큼 합리적이지 못했던 건지
둘 다를 합친 것인지 모르겠습니다.

9년 지각한 답신

친애하는 정혜신 선생님.

선생의 저서 『남자 vs 남자』 중에 「김우중 vs 정동영」 편이 있습니다. 거기에 선생은 14쪽에 걸쳐 김우중 전 대우그룹 회장을 정신과적 측면에서 평가하고 있습니다. 책이 출간되었을 때 아마도 독자들의 반응은 열광적이었을 것이고 선생께서는 그러한 반응에 크게 고무되었을 것으로 짐작합니다. 송구스럽게도 오늘 저의 반응은 칭찬 일색이 아닐 것임을 예단합니다.

2001년에 출판된 책에 대해 9년이나 뜸을 드린 지각 반응이 튀어나오는데 대해 황당하게 느끼실지 모르겠습니다. 우연히 서점에 들렀다가 신간 코너에서 정 선생의 저서를 보고 선채로 김우중 회장 편을 읽었습니다. 저는 부들부들 떨고 있었습니다. 김 회장에 대한 선생의 평가는 가혹하고 억지스러우며 오류투성이였습니다. 언젠가 제가 책을 쓰는 기회가 있으면 선생의 글에 답하리라 마음먹었는데 9년이나 지나서 겨우 책을 한 권 내게 되어 이 글을 쓰세 되있습니다.

선생의 저서를 꺼내들고 다시 읽었습니다.

14쪽인 글의 여기저기 여백에 저의 메모가 남아 있습니다. 제가 그 책을 읽으면서 정 선생의 논리에 얼마나 답답해했던가를 증언해주는 내용들입니다. 9년이란 짧지도 쉽지도 않았던 세월이 저를 웬만큼은 원숙하게 만들었을 것 같은데 책을 다시 읽으면서 여전히 부들부들 떨리니 제가 아직도 덜 숙성된 건지, 선생의 논리가 그 만큼 합리적이지 못했던지, 둘 다를 합친 것인지 모르겠습니다.

기업은 참으로 복잡합니다.

웬만한 규모의 기업이면 거기서 30년을 종사한 사람도 자신이 직접 다루었거나 경험한 부분밖에 알지 못합니다.

대우는 단순하게 설명이 안 되는 복합 기업체였습니다. 그만큼 김우중 회장도 여러 차원의 인물입니다. 대우에서 20년 세월 임원급으로 근무한 저도 본 것 외엔 잘 알지 못하며, 20년간 지근거리에서 회장을 관찰했지만 그를 이해하는데 한계를 느낍니다.

선생께서 김 회장은 "경제거인" 이라고 했습니다. 제가 보기에는 경제를 훌쩍 뛰어 넘는 아주 복합적인 거인입니다. 그분은 창업을 했고, 경영을 했고, 경제를 했고, 외교를 했습니다. 그의 머리에는 대우가 있었고 국가와 국민도 늘 함께 있었습니다. 정신과 의사이신 선생께서 기업인을 상담하거나 경영과 경제를 여러 방법으로 공부하셨으리라 짐작이 됩니다. 대우와 김 회장에 대한 정보도 많이 접했겠지요. 그런 지식과 이해를 바탕으로 김 회장 같은 복잡한 인물을 정신의학의 논리에 엮어 넣으려 한 것은 과욕이었는지 모릅니다. 선생의 평가는 김 회장을 잘 아는 저 같은 사람에게는 설득력이 아주 없습니다.

사회활동을 하는 많은 사람들이 그러하듯 저도 억울한 보도나 고약한 루머를 접하고 웃어넘기는데 이력이 난 사람입니다. 하지만 선생의 논리와 평가에 대해서는 응답을 드리고 싶었습니다. 선생과 선생의 글을 읽으신 독자들께 진면목의 일단이라도 알려드리고 싶어서입니다.

9년 지각 응답이라 기억의 오류가 염려되고, 저 또한 대우 사람이라 팔이 안으로 굽는 면이 불가피하지 않을까 저어됩니다만, 최대한 치우침을 배제하고 맑고 곧은 자세를 유지하도록 노력하려 합니다.

정 선생께서 글의 마지막 문장에 '많은 사람들의 꿈과 전설과 신화가 되기도 했던' 이라고 표현한 것을 보면 김 회장을 폄훼할 의도가 없었다고 이해됩니다. 저 역시 선생과 선생의 글을 읽으신 분들께서 김 회장의 진면목을 이해하는데 조금이라도 도움이 되고자 이 글을 쓸 뿐 선생께 부담을 드릴 의도가 전혀 없음을 밝혀 둡니다.

정체성의 혼란이라니요

정 선생은 "자의식이 명확하지 않을 때 사람은 필연적으로 자기정체성의 혼란을 겪는다. 정체성이 흔들린다는 것은 '정신적 에이즈(AIDS)' 상태와 같다. '정신적 에이즈' 는 일종의 정신적 사형선고다." 라고 서술하고 김 회장을 '자기 정체성이 흔들리는 사람' 이라고 표현했습니다. "정신적 에이즈에 감염되지 않는 가장 좋은 방법은 확고한 자기 정체성 확립이다." 라고 친절하신 충고까지 해주고 있습니다.

김 회장의 기업철학과 목표와 비전은 분명했습니다. 김 회장은 '우리 민족은 질곡의 역사와 처참한 가난에서 벗어나야 하고, 우리 후손들의 안녕과 행복이 확보되어야 한다. 그 과업이 이 시대를 사는 우리들의 사명이다. 그 사명은 우리의 희생을 통해 성취될 수 있다.' 고 일관되게 주장했습니다.

조직을 이끌어가는 명분도 그와 일치되었습니다.

회장은 '우리는 희생을 해야 하는 세대이다.' 라고 강조하면서 조직원의 희생적 노력을 요구했습니다.

김 회장은 25만 대우 가족의 맨 윗자리에 앉아서 머리와 입만으로 하지는 않았습니다. 그는 행동했습니다. 그는 언제나 희생을 감내하는 진군의 대열 맨 앞에 서 있었습니다. 대우의 임직원들은 회장의 철학과 비전을 전폭 지지했고 회장과 함께 분골쇄신했습니다. 임직원들 사이에 '헌신 정도면 좋지 않아? 희생이라면 시대에 안 맞는 것 아닌가?' 라고 하는 이론(異論)도 있었습니다. 그런 얘기가 회장의 귀에도 들어갔습니다. 회장은 단호히 희생을 주장했습니다. 딱 한 세대만 희생하면 된다고 했습니다.

그가 지향하는 목표는 뚜렷했고 숭고했으며, 그의 피나는 노력은 감동을 자아냈으며, 어버이된 자의 눈으로 그를 보면 눈물이 솟아나게 했습니다. '정신적 에이즈' 상태라니요. 정체성이 흔들리는 사람이라고요. 가당치 않습니다.

정체성이란 무엇입니까. 사전들을 뒤져 보았습니다. '위키피니아' 에는 정신적 철학적 사회적 개념으로 복잡하게 설명되고 있더군요. 가방끈이 짧은 때문인지 모르겠으나 아무리 읽어보아도 김 회장을 정체성이 흔들리는 사람으로 규정할 요소는 없어 보입니다.

김용옥 교수는 그의 저서 『대화』(통나무, 1991)에서 김우중 회장을 아래와 같이 평하고 있습니다.

> 생각의 고리들의 일관된 체계들을 우리는 '사상' 이라고 부른다. … 철학은 반드시 생각의 정합성(Coherence) 즉, 어느 정도의 일관성을 대상으로 한다. 대우라는 기업을 이끌어 가는 김우중 회장에게는 분명 이러한 일관된 생각이 있을 것이다. 김우중은 분명 사상가이다.

장사꾼이 돈이나 벌지 역사 민족 후손 운운할건 뭐며 철학과 사상은 또 뭐냐, 그러니까 정체성이 흔들리는 사람이다, 라고 한다면 할 말이 없습니다.

아니, 할 말이 무한정 많아집니다.

조증(躁症)무드의 연속이었다고요

정 선생은 "정신의학적으로 볼 때 김우중의 일생은 조증무드(Manic mood)의 연속이었던 것처럼 보인다. 조증은 충동을 동반하는 흥분상태, 활동과다 등을 보인다. 조증무드에 있는 사람은 늘 자신감에 넘치고 매사를 과도하게 긍정적으로 본다. 모든 것은 부풀려져 있고 고양되어 있다."라고 서술했습니다.

정신의학자이신 정 선생은 심리학과 인간행동에 관련되는 학문을 섭

렵하셨을 것입니다. 인간의 행동을 다루는 리더십도 물론 공부하셨겠지요. 선생의 학문은 일상과 융합되어 옹골찬 지식으로 승화되어 가고 있으리라 사료됩니다. 선생의 역저 『남자 vs 남자』를 보면서 선생의 지식, 그 깊이와 넓이에 혀를 내두를 지경이었습니다.

그렇지만, 선생께서 수천, 수만 명이 모인 거대 조직의 리더 역할은 안 해보셨겠지요. 천 명이 있으면 천의 얼굴과 천의 마음이 있습니다. 만 명이면 만의 마음이 모두 다릅니다. 그 복잡하고 미묘한 사람들의 정신을 한 곳으로 모아가야 하는 게 리더의 소임입니다.

제가 일했던 대우인력개발원의 리더십개발팀이 150여권의 리더십 관련 서책을 모아 리더십 덕목을 분류한 적이 있는데 자신감과 긍정적 태도는 모든 리더십 지침서들이 하나같이 리더에게 불가결한 덕목으로 꼽고 있었습니다. 리더는 어떤 경우에도 자신감을 상실한 표정, 표현 또는 행동을 해서는 안 됩니다.

GE의 잭 웰치 회장과 함께 위대한 경영자로 추앙받고 있는 리 아이아코카 크라이슬러 자동차 회장은 대금을 결제해야 하는 금요일 오후가 되면 '자살을 하고 싶은 충동' 을 느꼈다고 합니다. 그럼에도 그의 태도는 언제나 당당했습니다. 어떤 이는 '최고의 연극' 이라고 했고 어떤 평자는 '사기꾼' 이라고도 했다 합니다. 리더는 그렇게 해야 하는 팔자를 타고 난 사람인지 모릅니다.

문제는 '과도하게' 인데 김 회장이 과연 과도했을까요.

김 회장이 아주 중요하거나 심각한 상황에 직면해서 얼마나 고뇌하는지 중요한 일을 결심할 때 얼마나 진지하게 검토하는지 들으신 적이 있습니까. 혼신의 노력을 투입합니다. 이루 말 할 수 없이 정성스럽습니다.

이 책 1장 중 '파리 군용 공항에 불시착' 이란 제목의 글은 제가 경험한 사례 가운데 하나입니다.

회장은 '과도하게 긍정적' 이지도 않고 '충동을 동반한 흥분상태' 는 더더욱 아니라는 사실을 이해하는 데 도움이 되는 더 좋은 사례가 있지만 제 자랑이 되는 측면이 있을 듯해서 삼갔습니다.

선생은 김 회장의 조증무드에 대한 다른 사례를 들고 있습니다.

"폴란드를 방문한 김종필 총리에게 '수출을 최대한 늘려 금년(1998)과 내년에 연속으로 500억 달러 이상의 무역 흑자를 내면 1999년 말이면 IMF를 무난히 극복할 수 있다.' 고 장담했다. 시시각각 다가오는 사태의 심각성을 '그까짓, 수출로 갚아버리면 되지.' 라며 특유의 낙관론으로 덮어버린 것이다. 그건 현실을 부정하는 조증적 행동이다. 조증무드에 빠진 사람은 현실을 직시하지 못하는 경향이 많기 때문이다." 라고 했습니다.

짐 콜린스는 그의 책 『위대한 기업으로Good To Great』에 '스톡데일 패러독스' (Stockdale Paradox)란 용어를 소개합니다. "아무리 어려워도 결국에는 성공할 것이라는 믿음을 잃지 않는다. 그와 동시에 눈앞에 닥친 가장 냉혹한 사실을 직시한다." 는 것이 그 핵심개념입니다. 그는 '스톡데일 패러독스' 는 "위대함을 창조하는 모든 이들의 징표" 라고 강조하고 있습니다.

김우중 회장은 자금난과 노조의 과격한 스트라이크로 대우조선이 풍전등화의 위기에 처해 있었던 1987년 거제도에 있는 조선 현장에서 2년을 보냅니다. 그 기간에 회장은 우리나라 산업의 세세한 문제점들을 모두 파악합니다. 수많은 문제들이 어우러져 낮은 생산성으로 귀결되었던 것입니다. 일본과 비교해서 겨우 30~35%의 생산성으로는 경쟁은 고사

하고 살아남을 수 없다는 결론을 얻습니다. 옥포조선소를 사장에게 맡기고 서울로 올라 온 그는 '경영혁명' 을 선언합니다. 상당수의 참모들이 혁명이라는 용어가 과격한 인상을 주니 '경영혁신' 으로 하자고 건의합니다. 회장은 혁신 정도의 더딘 걸음으로는 일본을 따라잡을 수 없다고 말합니다. 3년에 걸친 경역혁명은 100%를 넘는 생산성 향상의 성과를 거둡니다. 그리고 몇 년 뒤에 조선부분에서 대한민국은 세계 최고인 일본조선의 생산성을 앞지릅니다.

김 회장은 '스톡데일 패러독스' 의 전형이라 할 만합니다.

한국경제신문 특별취재팀이 쓴 책 『김우중 비사 — 대우그룹 자살인가 타살인가』에 김우중 회장의 임원과의 대화를 녹취한 글이 있습니다. 그걸 읽어보면 김 회장이 그때 얼마나 냉정하게 현실을 직시하고 있었는지를 쉽게 알 수 있습니다.

이왕 얘기가 나왔으니 그 500억이라는 수치가 어떻게 산출되었고 어떤 의미를 갖는지 간략히, 아주 간략히 설명 드려 보겠습니다.

소위 'IMF' 라고 일컬어지는 외환위기 사태는 외환의 부족에서 온 것입니다. 김 회장은 외환보유고를 늘리는 것이 사태 극복의 선결과제라고 보았습니다. 그것은 옳은 진단이었습니다.

회장은 외환보유고가 1,500억 불만 되면 어느 누구도 대한민국에게 이래라 저래라 하지 못할 것이라면서 그 방법을 연구하라고 대우경제연구소와 기획조정실에 지시했습니다. 지시를 받는 임원들이 조금은 난감한 표정으로 회장을 보았습니다. 회장은 자신의 머릿속에 있는 아주 기본적인 아이디어를 제시했습니다. 며칠 뒤에 연구 결과를 보고하는 자리가 마련되었습니다. 거기서 1년에 500억 불이라는 수치가 나왔습니다. 연구원들이 간과한 요소들을 회장이 추가하고 회장의 적극적인 의지가 수치에 반영된 것은 사실입니다. 저는 마침 그 자리에 있었습니다. 500억이라는 수치가 나왔을 때, 저는 감탄과 존경의 눈으로 회장을 바라보았습니다. 우리나라가 소위 'IMF 위기'를 조만간 극복할 수 있겠구나, 라고 생각하며 크게 고무되었던 기억이 있습니다.

토론 결과를 정리해서 김대중 대통령께 보고했습니다. 정부 관계부처가 1999년 무역 흑자 예상치를 28억 불이라고 대통령께 보고했는데, 김회장 보고와의 차이에 대해 대통령께서 관계 각료에게 불만을 표시했다는 보도가 있었습니다. 그때 자료를 담은 봉투의 색깔이 연한 나무 색이었습니다. 언론들은 그 속에 아마도 기업에 대한 살생부가 적혀 있을 것이라고 보았고 그렇게 보도를 했습니다. 그것이 소위 '노랑봉투' 사건입니다. 그해 이후 김 회장의 논리는 정확히 현실화 되었습니다.

'사태의 심각성을 … 특유의 낙관론으로 덮어 버렸다.' 니요? 그것은 낙관론이 아니라 달성 가능한 비전제시였고 그 비전은 국민들의 피눈물 나는 노력과 참여가 있어서 현실이 될 수 있었던 것입니다. 세상일이 다 그렇지 않습니까. 지도자는 비전을 제시합니다. 구성원들이 그 비전에 동의하고 합심할 때 비전은 성취되는 것이지요.

혼자 할 일이 따로 있지요

선생께서는 "김우중은 모든 걸 직접 확인하고 챙기는 스타일이었다고 한다. 그는 세미나를 할 때 탁자와 의자의 배열까지 일일이 따질 만큼 꼼꼼한 사람이라서 '과장급 회장' 이라는 평가를 받기도 했다. 그러나 그의 꼼꼼함은 '워낙 본인이 뛰어나니까 아랫사람이 일하는 게 마음에 안 들어서' 가지게 되는 팽창된 자신감의 한 표현이다." 라고 썼습니다.

우선 '과장급 회장' 이란 표현이 제게 너무 생소합니다.

저는 제가 주관이 되어 크고 작은 행사 등을 준비해 보았지만 회장이 의자 배치를 간섭하는 일은 경험하지 못했고 들어보지도 못했습니다.

저는 프로토콜에 다소의 지식과 경험이 있음에도 중요한 행사 준비 때마다 좌석 배치로 고민하곤 했습니다. 소위 VVIP라고 불리는 사람들이 초대된 만찬은 자리 배치가 아주 신경 쓰입니다. 의전 교범에 따라 기계적으로 배치하면 낭패 볼 우려가 실로 높은 일이 자리배치입니다. 그런 때는 아무리 소규모의 행사라도 호스트가 직접 결정해주어야 합니다. 호스트가 배치도면을 보고 직접 결정했더라도 현장에 나와서는 다시 바꾸라고 하는 경우도 허다합니다. 그런 일을 갖고 '과장급 회장' 이라고 한다면 그건 의전이 갖는 민감성을 모르는 소치입니다. 대통령이 초청하는 행사시에는 의전으로 먹고 사는 전문가들이 준비를 하지만 대통령의 왼쪽과 오른 쪽에 누구를 앉게 하느냐 하는 것은 대통령이 직접 정하는 경우가 종종 있는 것으로 압니다.

'김우중 회장은 그 많은 대우 가족사의 경영을 혼자서 다 했다.' '혼자서 모든 걸 다하겠다고 했으니 대우는 무너질 수밖에 없었다.' 는 등의 말은 저도 이따금 들었습니다. 대우에 관심을 가진 사람들은 아마도 모두들 그렇게 생각할 것 같습니다. 선생께서는 그런 소문을 받아 적은 듯 합니다. 저는 그 같은 견해에 동의할 수 없습니다.

이런 일이 있었습니다.

회장이 남아프리카 공화국을 방문했을 때의 일입니다. 지사장이 그곳 최대 규모의 회사와 합작회사를 만들어 주가가 액면가의 다섯 배가 넘고 있다는 보고를 했을 때 회장이 말했습니다.

"A 상무, 사장한테 들었는데, 니 맘대로 저질렀다며?"

A 상무는 회장이 뭔가 잘못을 지적하려는 의도인가 싶어 잔뜩 긴장했습니다.

"사장님께 기본계획은 보고 드렸습니다."라고 말하고 회장의 눈치를 살폈는데 회장의 얼굴에 웃음이 떠오르고 있었습니다. 그것은 만족스러운 웃음임이 분명했습니다.

"여기 골프 천국이라던데, 나는 A 상무가 여기 와서 골프나 치고 노는 줄 알았지. 이렇게 큰 사고치고 있는 줄 몰랐어."

회장의 입에서 좀처럼 듣기 힘든 칭찬이었습니다.

합작회사 설립 아이디어는 지사장에게서 나왔고, 사장께 기본 계획을 보고해서 허락을 받았고, 회사를 설립해서 잘 운영했고, 그 결과 주가가 다섯 배나 올랐다. 그 과정에 회장의 입김은 없었습니다.

그가 8년 넘게 거기 근무하는 동안 회장이 처음 방문했습니다. 회장은 그의 업적을 평가해주려 먼 하늘 길을 날아 온 것이었습니다. 그렇게 바쁜 회장이 뭣 하러 거기까지 날아가느냐고 한다면 그 말에도 일리는 있겠지요. 사장이 격려해주면 되는 일이기도 하니까요. 물론 격려만이 목적은 아니었겠지요. 인근의 나이지리아나 앙골라에 간 길에 만델라 대통령 지도하의 남아공의 정치, 경제 그리고 기업여건 등을 파악하기 위해 겸사겸사 방문했을 것입니다.

얼마 뒤 A 상무는 이란으로 이동명령을 받고 귀국했습니다.

남아공에 근무하면서 어렵사리 새 회사 하나 만들어서 반석위에 올려 놓았으니 인제 숨 좀 돌리고 진짜 골프도 좀 칠 수 있겠다고 생각했는데 문제가 산적한 이란으로 가라니 불만이 없을 수 없었겠지요. 사장이 회장께서 낙점한 것이라고 했답니다. 그는 회장을 찾아가 남아공에 그냥 있게 해달라고 청을 했습니다.

"미안해, A 상무, 워낙 큰일이 많고 복잡해. 자네가 가서 해줘야겠어. 남아공에서 하던 정신으로 한 번 더 해봐 줘."라고 회장이 간곡하게 설득 했습니다.

A 상무는 "알겠습니다. 회장님. 독립군이 자기가 원하는 곳에서만 싸울 수는 없지요."라고 대답하고 회장실을 나왔습니다.

이란으로 부임하는 날 그는 전무가 되어 있었습니다.

이 얘기는 근자에 제가 그 당사자에게서 들은 것입니다. 그를 이란으로 보내게 한 것, 이란에 보내면서 그를 승진시킨 것 등을 갖고 회장이 다한다고 말할 수 있을까요. 김 회장 앞에서 개인적 불만을 말하고 요구사항이나 희망사항을 말 할 수 있는 그런 기업 문화가 대우에 있었음을 첨언합니다.(이 책 3장 '오래 살아남고 출세하려면' 편이 참고가 될 것입니다.)

앞에서 대우국민차 조직에 대해 언급했습니다만, 회장의 최종 결정이 있은 뒤 나는 육십 여명의 참모들과 함께 겨우 여섯 달 남짓한 기간에 전국에 걸친 판매조직을 만들어 냈습니다. 그 사이에 회장께 보고 드린 적도 없었고, 회장이 불러서 물어 본 적도 없었습니다. 장충체육관에서 신차발표회를 할 때도 회장은 참석하지 않았습니다. 한참 뒤에 회장께서 국민차 조직을 둘러보았습니다. 어느 도청 소재지에 새로 만들어진

정비 공장을 보고서 혼자 말로 "이렇게도 되는군." 하시던 모습이 지금도 제 기억에 생생합니다.

김우중 회장은 맡겼으니 잘하려니 생각함인지 먼저 찾아오지 않으면 부르지 않습니다. 위의 두 사례는 회장의 그런 태도를 잘 말해주는 것입니다.

그런데도 회장실은 회장 면담을 기다리는 사장과 중역들로 문지방이 닳습니다. 회장은 출장도 많지만 100개가 넘는 온갖 사회조직과 단체들에 이름을 걸쳐놓고 있었습니다. 자의반 타의반이 아니라 거의가 회장이 마음이 약해 억지로 끌려들어간 경우였습니다. 단체들마다 회장이 회의나 행사에 참석하지 않는다고 불평이 많았고, 회장이 국내에 있으면 출석 요구가 빗발칩니다. 이래저래 회장이 사무실에 있는 시간이 짧을 수밖에 없고 그 짧은 시간에 보고자들이 몰리는 것은 지극히 당연한 일입니다. 그렇게 붐비는 회장실을 본 사람들이 회장이 모든 걸 다 한다고 말하는 것입니다. (여담입니다만 가입 단체를 10여 개로 줄인다는 목표를 세워놓고 하나씩 줄여 나가는데 끔찍하리만큼 힘이 들었고 수년이 걸렸지만 대우가 무너지는 날까지 목표를 달성하지 못했습니다.)

솔직히 말씀드리면 괜히 회장실에 와서 얼렁거리는 사람도 있긴 했습니다. 언젠가 회장실에 들어갔다 나온 비서가 제게 말했습니다.

"이사님, 저 양반 좀 쫓아버리면 안 될까요?"

"누구를?"

"아이, 저 안에서 회장님 붙잡고 있는 분 말이에요. '회장님, 근데요.' 하면서 아무짝에도 쓸데없는 얘기하고 있잖아요."라고 했습니다. 태풍이 몰아치듯 전개되는 회장의 일정을 관리하는 비서에게 그런 사람은 지위고하를 막론하고 시시하고 별 볼일 없는 인물로 보입니다.

언젠가 제가 회장께 진언한 적도 있습니다.

"회장님, '알아서 해.' 라고 하시지 않고 일일이 다 들어주십니까?"

"찾아 온 사람을 어떻게 내치나? 예의가 아니지."

"그러시긴 합니다만, 오늘 같이 바쁘신 시간에 앉아서 요점 없이 길게 늘어놓는 걸 듣고 있으면 조바심이 납니다."

"그런 면이 없지 않지만, 내가 잘 들어줘야 더 열심히 할 거 아닌가."

별 볼일 없이 얼렁거리는 사람들일수록 돌아가서 회장께 보고하느라고 엄청 시간을 보냈다고 말합니다. 그 말을 듣는 주변 사람들은 회장이 너무 많은 보고를 직접 받는다고 이해하게 될 것입니다. 급한 시간에 회장 앞에서 대충 보고해 놓고 회장의 허락을 받았다고 하면서 밀고 나가는 경우도 없진 않았습니다. 회장의 허락을 무기로 조직의 견제를 피해가며, 책임질 일이 생기면 회장이 시켜서 그렇게 된 것이라고 발뺌하는 경우도 없지 않겠지요. 워낙 많은 사람이 모여 여러 가지 일을 하다보면 모두가 교과서적으로 하기를 바라기는 어렵겠지요. 이런 저런 얘기들이 얽히고 굴러서 회장 혼자서 다 한다는 말이 눈사람같이 부풀어졌을 것입니다.

김우중 회장은 배포가 큰 사람입니다. 맡기면 간섭하지 않습니다.

'대우학원' 은 아주대학교와 전문대학 2개 그리고 초중고교를 운영하는 재단법인입니다. 회장은 훌륭한 분을 이사장으로 영입하면 모든 걸 이사장께 맡깁니다. 총장을 영입할 때 이사장이 회장과 상의하는 것을 본 적은 있습니다. 그밖에는 재단일이건 학교일이건 간섭하는 일이 없습니다. 대한민국의 사립대학교 중에서 아주대학교만큼 총장에게 전권이 주어지는 학교는 아마도 그리 많지 않을 것입니다.

회장의 사재로 만들어진 '대우재단' 이 있습니다. 대우재단은 80년 이후 학술총서를 발간하고 있습니다. 춥고 배고픈 인문학 계통에 돈을 주고 연구를 한 결과를 책으로 출판하는 일을 주업으로 하고 있습니다. 그 학술총서 발간 사업은 최근 어느 신문 칼럼이 '김우중 회장이 잘한 일' 이라는 제목으로 크게 칭송했습니다. 비서실에는 연구비를 받게 해 달라는 부탁이 수시로 들어옵니다. 회장은 한 번도 그런 부탁을 들어 준 적이 없었습니다. 재단 이사들의 결정사항에 회장에 간여하지 않는다는 입장이 확고부동이었습니다.

금 모으기와 일자리 나누기

선생은 "김우중의 '영웅본능'은 대우가 무너지기 직전인 99년 8월 전경련 주최 제주도 세미나에서 그 절정을 이룬다. 전경련 회장이었던 김우중은 대기업이 구조 조정을 하면 실업자가 너무 늘어나 나라가 흔들린다면서 정리해고는 호황 때 하는 것이지 불황 때 하는 게 아니라고 주장했다. 구조 조정이 시대의 흐름이었던 당시로는 상당히 도발적인 이설(異說)이 아닐 수 없었다. 한 치 앞을 내다볼 수 없는 시기임에도 조금도 굴하지 않고 전진하는 인간탱크를 보는 듯하지만 또 다른 측면에서 보면 그건 현실을 부정하는 조증행동이기도 하다. 조증무드에 빠진 사람은 현실을 직시하지 못하는 경향이 많기 때문이다." 라고 쓰고 "좌절과 고통이 감당할 수 없을 만큼 클 때, 사람은 자신의 절망이나 무기력을 완전히 부정하고 오히려 정반대의 감정 상태를 보이는데 이것이 바로 조증이다." 라고 서술하고 있습니다.

제가 읽은 선생의 책 여백에 '언작, 대붕' 이란 메모가 적혀 있네요.

저는 외환 위기로 세상이 들끓고 있던 1998년 어느 날, 힐튼호텔 로비를 지나가고 있었습니다. 로비 라운지에 누군가와 마주 앉아 있던 회장이 우연히 고개를 돌렸다가 손짓으로 저를 불렀습니다. 마주 앉은 사람은 국책경제연구소의 원장과 모 신문사 논설위원이었습니다. 그들이 떠나고 회장이 제게 질문을 던졌습니다.

— 구조 조정으로 실업자가 폭증하면 어떻게 될 것 같아?

— 실업자 수가 얼마나 되느냐에 따라 달라지겠습니다만, 이번 사태로 200만 명쯤 증가하게 된다면 사회가 폭발하지 않을까 싶습니다.

— 폭발이라면 어떤 상황을 얘기하는 거지?

— 실업자들은 말할 것도 없고, 아기를 안은 부녀자들까지 태평로와 종로를 가득 메우는 상황을 상정할 수 있습니다.

— 사회가 마비되겠구먼.

— 그렇습니다. 누구도 막을 수 없는 상황이 될 겁니다. 최악의 경우에 계엄이 선포되면 수습은 되겠지만 후유증이 만만치 않을 것입니다. 광주에서 이미 공부를 했습니다.

— 그럴 테지. 그럼 대안이 뭘까?

— 회사들이 해고를 가능한 한 자제해야 한다고 생각합니다.

— 그래, 바로 그거야.

회장이 저의 말을 기다렸다는 듯이 반응했습니다. 회장이 말을 이었습니다.

— 구조 조정을 한다고 마구잡이로 잘라내면 안 되겠지…. 여러 사람 만나서 얘기를 들어보았는데. 가장 심각한 문제가 실업자 문제인데, 미국식 구조 조정 방식을 우리 기업에 그대로 적용하기에는 문제가 많다고들 해. 오전에 대우자동차 사장에게 지시를 했어. 노동시간을 줄여서 급여를 조금씩 적게 받고, 절감된 인건비로 해고를 줄이는 방법을 찾아보라고 했어. 사장이 노조와 협의를 할 거야. 미심쩍어 다시 짚어보고

있는 중이야.

대략 이런 내용의 대화였습니다.

회장은 실업자의 증가가 가져올 사회적 폭발성을 걱정했고, 많은 사람들의 얘기를 듣고 '일자리 나누기'가 유일한 해답이라는 결론에 이르렀던 것입니다. 이미 가족사의 한 곳에 시행을 지시해 놓았으나 그래도 미심쩍어 당신의 견해와 조치가 옳았는지 점검해 보는 과정에 있었던 것입니다. 저와의 대화도 그런 과정의 한 부분이었습니다. 다음날 회장은 전 가족사에 지시했습니다.

회장은 전경련 회장으로서 회원사들에게도 권고했던 것입니다.

결과는 참담했습니다. 회장의 행동이 구조 조정을 밀어 붙이는 실력자들의 심기를 불편하게 했던 것입니다. 어떤 장관급 인사가 대통령에게 '김우중 회장은 구조 조정을 할 생각이 없는 사람'으로 평했다고 하는 보도를 본 기억이 있습니다.

그로부터 꼭 10년이 지난 2009년, 그때와 비슷한 사태가 벌어지고 있습니다. 그때와 다른 것은 '일자리 나누기'(Job Sharing)가 하나의 공동

선(共同善)으로 널리 인식되고 있는 점입니다. '사회갈등과 안전망 붕괴를 우려' 해서 '국민들이 대다수가 어렵지만 화합하여 심리적이라도 함께 간다는 생각을 갖도록 해야 한다.' 는 사회분위기입니다. 대통령 말씀이 있었고 전경련이 동참하는 조치를 발표했습니다. 이윤호 지식경제부 장관이 "금 모으기 운동보다 의미 있는 국가 브랜드가 될 것" 이라고 말했고 「세계가 놀란 '일자리 나누기' … 실업 대란 막았다」라는 제목의 머리기사도 있었습니다.

외환위기 때 '금 모으기' 는 들불처럼 번져나갔고, 세계의 주목을 받았던 일임을 선생도 잘 아시지요. 그걸 누가 시작했는지도 아십니까. 주식회사 대우의 장병주 사장이 사내 이벤트로 시작한 것을 김우중 회장의 지시로 전 가족사의 이벤트가 되었고, 그것이 보도되면서 전국적인 이벤트로 확대되었던 겁니다.

금 모으기와 일자리 나누기, 이 두 가지 일이 모두 김 회장에 의해 선창되고 실행되었는데, 그때는 시대적 흐름에 역행하는 반개혁주의자로 치부되었고 선생에 의해 '조증무드에 의한' 빗나간 행동으로 비난을 받았는데 지금은 실로 위대한 일로 평가받고 있으니 세상일의 아이러니를 실감케 합니다.

회장은 참 순진한 사람이었습니다. 자기 기업을 지키는 일에 골몰해야 할 장사꾼이, 나라를 생각했고 국민을 걱정했고 당위를 말했던 것입니다. 역린(逆鱗)의 우를 범했다고 말할 수 있겠지요. 어리석었다고 해도 될지 모르겠지만 '조증무드에 의한 빗나간 행동' 이라는 해석에는 동의할 수가 없습니다. '자신의 절망이나 무기력을 완전히 부정하고 오히려 정반대의 감정 상태를 보이는 조증현상' 이라는 선생의 진단은 오진이라고 해도 되겠지요.

인간기계들이 모두 도사지요

여기부터 세 꼭지의 글은 별로 중요하지는 않지만 재미있을 것 같아 부기(附記)합니다.

선생은 "그가 자서전에 언급한 '도사론'은 조증무드의 특징—팽창된 자신감 또는 과대 망상적 사고—을 극명하게 보여준다. 너무 황당해서 듣는 사람도 겸연쩍다. 첨단 기술이 그물망처럼 깔린 정보통신시대에 원시적 칼을 휘두르는 무협지에 열광하고 있다."라고 했습니다.

대한민국 사람(특히 남자) 중에 무협지에 열광해보지 않은 사람이 있을까요. 지금의 20대도 그럴 것이며 어린이들도 청년이 되면 또한 그럴 것입니다. 그렇다고 그 모두가 축지법으로 천리 길을 단숨에 달리겠다는 허황된 꿈을 꿉니까. 그렇게 하려고 노력을 합니까. 김 회장의 도사론은 신화 같은 무협지와는 상관이 없습니다. 무슨 일을 하건 사람이 온갖 정성을 쏟아서 노력을 거듭하면 능력이 놀랍게 향상된다는 매우 현실적 의미를 갖고 있습니다.

선생이 골프를 치신다면 골프가 얼마나 야릇한 운동인지 아실 것입니다. 그것은 신체의 운동감각의 천변만화에 기인합니다. 프로골퍼들은 그것을 극복하기 위해 매일 천여 개의 볼을 칩니다. 최경주는 하루에 4,000개의 공을 친다고 했습니다. 저는 아무리 빨리 쳐도 한 시간에 150개 이상 칠 수가 없습니다. 저는 최경주의 하루는 도대체 몇 시간일까 의문을 갖습니다. 얼마 전 타이거 우즈를 꺾어서 일거에 세계적 유명인사가 된 양용은 선수의 아이언은 바닥에 새겨진 숫자가 보이지 않을 만큼 닳은 보도 사진을 보았습니다.

신문에 보도된 김연아의 발바닥을 보셨겠지요. 많은 사람들이 남에게 보이고 싶어 하지 않은 신체적 약점을 갖고 있을 것입니다. 저는 그 괴상하게 생긴 발바닥이 김연아가 누구에게도 보이고 싶지 않은 신체적 약점일 것이라고 생각했습니다. 신지애의 손바닥을 보았습니까. 시골 농부의 손에서도 건설현장에서 막노동을 하는 사람의 손에서도 그렇게 엄청난 굳은살을 보지는 못할 것입니다. 최경주의 4천개, 양용은의 아이언, 김연아의 발바닥, 신지애의 손바닥 모두가 그들의 피나는 노력과 불굴의 집념을 증거 해줍니다. 그런 집념과 노력이 그들을 기계로 만들었습니다. 그 기계들이 세계를 놀라게 했습니다.

그들이 김우중 회장이 말하는 도사들입니다.

프로들은 대개 하루 8시간에서 10시간 운동을 합니다.

일 년이면 대충 3천 시간이고 10년이면 3만 시간을 그 한 가지 일에 몰두한 것입니다. 김연아는 13년 간 했고 최경주와 양용은도 20년 정도 했겠지요.

말콤 글래드웰은 그의 저서 『아웃라이어』에서 1만 시간을 한 가지 일에 몰두하면 모두가 아웃라이어가 된다고 했습니다. 회장이 말하는 도사가 아웃라이어와 맥을 같이하는 개념입니다.

김우중 회장은 회사 구성원들에게 그렇게 몰두해서 한 분야의 전문가가 되라는 의미로 도사론을 말씀합니다. 회장의 도사론에 다소의 자신감과 자신의 능력과 역할에 대한 자랑이 담겨 있다고 보아도 무방할 것입니다.

하지만 '과대 망상적 사고' 라니요.

선생의 이해력에 고개를 갸웃하게 됩니다.

총각 비서를 자주 바꾸는 이유

선생은 조중무드의 한 단면을 설명하는 사례로 "기력이 왕성한 총각만을 수행비서로 쓰는데도 그들의 체력이 달려서 1~2년 단위로 바뀌었다고 한다."라고 썼습니다. 회장의 비서는 정신적으로나 신체적으로 굉장한 부하(負荷)를 걸머지고 살아야 하는 직책임에는 틀림없습니다. 그래도 회장이 지고 다니는 부하와는 비교가 되지 않습니다. 우선 비서는 책임을 지는 자리가 아닙니다. 주어진 일을 하기만 하면 그것으로 끝입니다. 모든 책임을 자신이 져야하는 사람과 자기 앞에 떨어지는 일을 하기만 하면 아무런 책임이 없는 사람과의 정신적 압박감은 천지 차이입니다. 신체적 부담 역시 비교가 안 될 정도로 가볍습니다. 회장이 중요한 일을 하고 있을 때 비서는 잡상을 하거나 노닥거리거나 눈을 감을 수도 있습니다.

비서를 한 번 바꾸면 얼마나 불편한지, 새 비서가 익숙하게 될 때까지 얼마만한 시간이 걸리는지는 선생도 경험했을 것입니다. 선생의 비서가 커버해야 하는 영역이 어느 정도인지는 정확히 모릅니다만, 김 회장 비서의 영역은 선생이 상상하는 것 이상일 것입니다. 김 회장의 활동 영역과 내용이 엄청나게 다양하고 복잡하기 때문입니다. 김 회장의 비서는 대개 학업 성취가 웬만한 사람들의 추종을 불허하는 청년들 가운데서 스카우트합니다만 학업 능력보다는 경험이 훨씬 더 중요합니다. 경험을 쌓은 비서가 바뀌면 김 회장은 엄청난 불편을 겪어야 합니다.

김 회장은 그런 불편을 참으면서 비서를 1년 또는 2년에 교체합니다.

청년 비서의 장래를 고려해서였습니다. 젊은이를 표현할 때 '장래가 만 리(里)' 라고 합니다. 청년을 자신이 편하기 위해 비서로 오래 잡아두면 그 청년이 발전하지 못한다는 이유로 모든 불편을 무릅쓰고 바꾸어 주는 것입니다.

불가피하게 사람을 바꾸어야 할 경우도 없지 않습니다.

가령 이런 경우입니다.

회장이 존경하는 분이 아들을 부탁했습니다. 회장은 그를 자기의 수행비서로 발령했습니다. 회장은 어떤 젊은이라도, 가령 굉장히 부모를 걱정시키는 경우라도, 자기와 1년만 같이 다니면 사람이 달라지고 반듯해지고 세상을 많이 알게 되고 경영 훈련을 제대로 받는다고 생각합니다. 부탁하는 분의 아들을 제대로 훈련시키려고 수행비서를 바꾼 것입니다.

그가 자리를 잡으려면 최소한 여섯 달은 걸립니다.

회장의 불편은 이루 말할 수가 없게 됩니다.

체력이 달려서 바뀐다는 말은 당치도 않습니다.

저는 나이 마흔에서 쉰 사이에 회장의 비서로 6년 쯤 일했습니다. 일년에 50일 이상 때로는 약 100일 가까이 수행비서 없이 제가 수행했습니다. 저는 몸이 아파서 결근하거나 체력이 달려서 가야할 출장에 못간 적이 없었습니다. 제가 무쇠 같은 체력의 소유자라고요. 천만에요. 저는 지극히 평범한 체력을 가진 사람입니다. 마흔이 넘은 보통체력의 중늙은이가 거뜬히 다니는데, 체력이 달려 바꾸어 줘야 하는 20대 청년이라면 그런 사람 어디에 쓰겠습니까. 또 그런 사람이 세상에서 무슨 일을 하겠습니까.

왜 회상께서 칠칠치 못한 저를 비서실에 6년이나 잡아 두었는지 궁금할 때가 있습니다. 이 글을 쓰면서 답을 얻은 듯합니다. 나이 마흔이 넘은 저의 장래는 겨우 천리 정도밖에 안 되었기 때문이 아니었을까 싶네요. 비서를 했던 사람들이 지금 이 시간에 사회활동하고 있는 것을 보면서 그때 그들의 장래는 만 리였고 저의 장래는 겨우 천리였다는 것을 알게 됩니다.

황당무계한 수는 없어요

선생은 "서능욱 9단이 (김우중 회장은) '바둑을 체계적으로 공부하지 않아서 실수가 많고 가끔 황당무계한 수를 둔다고 평했다."고 썼습니다.

대한민국에 바둑 애호가가 약 500만 명이 넘습니다. 그들을 모두 모아 놓고 물어보세요. 바둑을 체계적으로 공부한 아마추어가 몇 이나 되는지. 바둑을 체계적으로 공부한 아마추어가 극소수라는 사실을 서능욱 9단은 너무 잘 알고 있습니다.

황당무계한 수는 바둑을 두는 500만 명이 모두 놓을 수 있는 수이며 이 시간에도 놓고 있는 수들 입니다. 아마추어 뿐 아니라 프로도 자주 놓습니다. 아마도 서능욱 9단만큼 황당무계한 수를 많이 놓는 프로도 드물 것입니다. 그의 별명이 '손오공' 인 걸 아시는지요. 서유기에 나오는 손오공이 얼마나 황당무계합니까.

2009년 6월 초의 일입니다. 이세돌 9단과 중국 기사 콩지에가 TV바둑아시아선수권대회 결승전에서 맞붙었습니다. 한국랭킹 1위(그것은 곧 세계랭킹 1위라는 말로 통합니다.)인 이세돌 9단이 황당한 한 수를 놓았습니다. 해설을 하던 조훈현 9단이 "이으면 큰일 납니다. 아니, 저기 이으려고 하는 것 같은데요. 안 됩니다. 큰일 납니다." 라고 말하는 순간 이세돌 9단이 그 자리에 놓았습니다. 결과는 무참한 패배였습니다. 천하의 1인자도 그런 황당무계한 수를 둡니다. 그것이 바둑입니다.

언젠가 조치훈 9단과 고바야시 사토루 9단간의 본인방(일본 최고 기전의 하나) 결승 4번국이 TV에서 중계되고 있었습니다. 해설자(9단)가 조치훈 9단의 착점(着点)을 이렇게 평했습니다.

– 아마추어가 두는 숩니다. 아마 강자도 아닌 하급 아마추어의 숩

니다.

– 두기는 어려우나 두고 나니 묘미가 있습니다.

– 고수의 달관의 경지를 보여주는 수입니다.

재미있지 않습니까. 바둑 9단을 입신(入神)이라고 합니다. 신의 경지인 기사가 다른 신의 수를 보고 하급아마추어의 수라고 평했습니다. 바꾸어 말하면 황당무계한 수라고 할 수 있겠지요. 그 수는 묘미로 바뀌고 다시 달관의 경지로까지 갔습니다. 그러니 바둑에서 패착은 있어도 황당무계한 수는 없다고 하겠습니다.

김우중 회장을 평가하면서 서 9단의 말을 인용한 것은, 선생께서 바둑을 잘 몰라서였으리라고 이해하겠습니다. 참고로 이 글을 쓰는 동안에 서능욱 9단을 만날 기회가 있어 물어 보았더니 강하게 부인했습니다. 서 9단은 '바둑 두는 사람이 어떻게 그런 표현을 할 수 있습니까." 라고 했습니다.

3장 단 하나의 소망

그의 꿈은 장대했다.
그는 끊임없이 위대함을 추구했다.
그는 희생적인 삶이 그의 존재 이유라고 믿었다.
이 세 가지야 말로
김 회장을 단죄한 법정이 빠뜨린
김 회장의 원죄가 아닐까 싶다.

점과 선의 여행

2001년 1월 20년 영욕이 쌓인 대우를 그만두게 되었다. 한가로운 시간의 이어짐이 있었다. 격랑의 세월을 힘겹게 넘어 가슴에 한을 묻은 채 고요한 평화가 있었다.

그때 내게 한 가지 후회가 있었다.

20년 전 공직을 그만 두게 되었을 때 경희대학교 한의과 대학 편입을 고려했었다. 나이 마흔에 학부를 2년 다니고 다시 본과 2년 그리고 인

턴과 레지던트까지 또 4년, 내 인생이 고개 길을 가파르게 내려가고 있을 때 한의사로 탄생하게 되는 전망 앞에서 주춤거렸다. 아내와 두 아이가 그동안 어떻게 생활할까 하는 걱정이 기를 꺾었다. 우물쭈물 포기하고 기업에 갔는데, 나이 예순에 다시 길바닥에 나가 앉게 되니 20년 전의 결정이 후회로 덮쳐왔다. 그때 용기 있게 행동했더라면 20년 뒤 그때에는 아주 괜찮은 한의사가 되었을 것 같은 착각이 후회의 농도를 짙게 했다.

얼마 뒤 한 헤드헌팅 회사로부터 (주)레고코리아에 지원해 보라는 권고가 있었다. 몇 단계의 절차를 거친 뒤에 본사·회장 면접을 위해 덴마크로 가야 했다. 여행하는 기분으로 가볍게 다녀오고 싶어 아내와 같이 갔다.

돌아오는 길에 런던에 들렀다.

런던 체류 둘째 날 아내와 나는 하이드파크에 갔다. 나는 런던 중심에 있는 그 공원에 감탄을 연발했다. 처음이냐고 아내가 물었다. 그렇다는 나의 대답에 아내가 다시 물었다. 런던에 몇 번째 왔느냐고. 아마도 7~8번은 왔을 거라고 대답했다. 그렇게 여러 번 왔는데 그 공원에 처음이

냐는 핀잔 섞인 아내의 질문이 돌아왔다. 아내는 내가 게을러서, 문화적이지 못해서 안 간 것이라고 생각했던 거다. 나는 안 간 게 아니고 못간 것이라고 변명했다. 변명이 아니라 실제로 못 갔다.

대우에 입사해서 처음 해외여행은 회장을 수행해서 런던을 거쳐서 리비아의 수도 트리폴리로 가는 여정이었다. 런던 공항에 도착해서 회장은 자기 가방을 들고 나갔다. 나는 탁송한 가방이 있어서 짐 찾는데(Baggage Claim)로 갔는데 이상하게도 우리 일행들이 아무도 보이지 않았다. 커다란 가방을 찾아서 공항 밖으로 나오니 지사 직원 한 사람이 기다리고 있었다. 회장과 일행들은 먼저 들어갔다고 했다.

비서가 상전을 놓쳐버렸으니 몹시 당황스러웠다.

알고 보니 모두들 비행기에 들고 들어가는 크기의 가방하나씩 뿐이었다. 그렇게 함으로써 짐을 찾는 시간을 절약하고 또 때로는 짐을 못 찾아서 낭패를 당하는 불상사도 막을 수 있다는 것이었다.

회장의 가방 속에는 드레스셔츠 세장, 내의 3벌, 양발 세 켤레, 세면도구 등이 들어있었다. 일주일 여행이건 보름 여행이건 회장은 그렇게 갖고 다녔다. 겨울에 유럽과 아프리카를 여행할 때는 양복 한 벌을 더 갖고 가기 위해 얄팍한 양복 가방이 하나 더 있었다.

80년대 우리나라 비행기는 대개 저녁에 서울을 출발해서 알래스카에서 급유하고 미국동부 도시나 유럽도시로 가게 되어있었다. 비행기가 새벽녘이나 이른 아침에 도착하게 되면 회장은 비행기 화장실에서 세수를 하고 옷매무새를 갖추고 비행기에서 내려서 대개는 약속된 조찬 장소로 직행한다. 그리고 온 종일 일을 하다가 만찬이 끝나면 호텔로 돌아온다. 호텔 방에서 참모들과 그날의 일을 돌아 본 뒤 잠자리에 든다. 대개 자정이 넘게 된다.

그래도 호텔에서 자는 것은 양반이다.

만찬이 끝나면 공항으로 가서 밤 비행기로 다음 목적지로 이동하기 일쑤다. 언젠가 서울을 출발해서 유럽을 거쳐 브라질, 아르헨티나, 우루과이, 페루, 멕시코, LA를 거쳐 서울로 돌아오는 열이틀인가의 일정에서 딱 나흘만을 호텔에서 잔 적이 있었다. 김 회장의 여행은 사무실→공항→비행기→공항→호텔→사무실→식당→호텔(또는 공항), 이런 여정이다.

'점과 선의 여행'.

회장의 여행 스타일에 내가 붙인 이름이다.

머무는 곳을 점으로 보고 이동 경로를 선이라 본 것이다. 그러니 파리에서 리도쇼를 볼 기회가 있을 리 없고 런던에서 하이드파크를 거닐 여유가 없었다.

나는 지금까지 55개 나라를 여행했다. 미국의 33개 주와 중국의 열아홉 개 성을 방문했다. 그 가운데 관광 목적으로 간 나라는 인도네시아와 브르나이 왕국 두 나라 뿐이다. 물론 대우를 그만 둔 뒤의 일이다. 대부분의 나라들은 회장을 수행해서 갔고 나 혼자 출장을 갔어도 회장의 여행 방식에서 벗어날 수 없었다. 그렇게 길들여져 있었기 때문이리라.

이런 설명을 듣고 난 아내의 표정에 측은함이 담겨 있었다.

역시 김우중이야

싱가포르에서 무슨 국제 포럼이 있었다.

주로 아시아와 호주 지역에서 온 기업인 학자 연구자 그리고 기자들이 500석에 가까운 호텔의 볼룸을 가득 채우고 있었다.

개회사에 이어 아시아 국가의 수상 한 분과 대우의 김우중 회장이 주제 발표를 했다. 발표된 주제에 대한 토론자들의 토론이 이어졌다. 토론자들의 코멘트는 대부분 김 회장의 발표 내용에 대한 것이었다. 토론이 끝난 뒤에 김 회장의 답변 발언이 있었고 이어서 사회자가 플로어의 참석자들에게 질문하는 시간을 주었다. 플로어에서 나온 질문들 역시 한결 같이 김우중 회장을 향했다.

그날도 회장은 질문을 정확히 이해하고 거침없이 자신의 견해를 밝혔다. 질문은 끝없이 이어졌고, 회장의 답변은 진지하고 열정적이었다.

그 자리에는 다섯 명의 한국 기업가가 참석해 있었다.

S그룹 부회장인 Y 씨가 옆에 앉은 해운회사 사장인 B 씨 쪽으로 몸을 기울이며 하는 말,

"김우중이는 역시 김우중이야."

B 씨가 그 얘기를 필자에게 전해 주면서 낄낄했다.

Y 부회장의 코멘트에 대한 B 씨의 해석은 이러했다.

아마도 상당히 감동한 것 같았다.

질문이 김 회장에게만 쏟아지는 것은 경영자로서 김 회장이 갖고 있는 비중을 말해 주는 것이었을 테고, 수없이 쏟아지는 질문에 응답하는 영어 실력도 놀랍고, 예고 없는 질문에 막히지 않고 자신의 의견을 풀어

내는 지식의 수준 역시 놀랍고, 무엇보다도 열의를 다해 답변하는 김 회장의 태도 등에 대한 감동을 담아낸 말이었을 것이다.

김우중 회장이 이탈리아 수상실을 방문한 적이 있었다.

수상이 김 회장과 악수를 하면서 "김 회장, 당신은 날 잘 모르지만 나는 당신을 잘 알아요."라고 말했다.

"수상 각하, 저를 어떻게 아십니까?" 김 회장이 얼떨결에 물었다.

"내가 지난달에 동구라파와 중앙아시아 몇 개 나라를 순방했는데, 만나는 대통령과 수상들이 모두 김 회장 얘기를 합디다. 크게 감명을 받았습니다."

대한민국 국민 가운데 김 회장만큼 외국인을 많이 만난 사람은 단연코 없을 것이다. 기업인은 말 할 것도 없고 국가 최고지도자를 포함해서 정부 의회 언론계 금융계 학계 등등 헤아릴 수 없이 많은 지도자를 면담했다.

회장의 만남은 밀도가 매우 높다.

회장은 형식같은 것을 배제하고 본론에 들어가는 쪽을 선호한다.

회장을 만나는 사람들은 회장에게 자신의 지식수준을 보여 주려고 애쓰는 것 같다. 그래서 회장은 깊이 있는 고급 정보를 얻는다.

회장은 통역 없이 완벽한 대화가 가능하다. 통역이 없는 것은 두 배의 대화를 가능케 한다.

김우중 회장의 영어 실력은 점수를 매기기가 어렵지만 의사소통에 전혀 지장이 없을 만큼 수준급의 영어를 한다.

무엇보다도 회장의 듣기 실력은 뛰어나다.

세상에는 여러 가지 종류의 영어가 있다. 일본 영어가 있고 인도 영어가 있다. 루마니아 영어, 프랑스 영어, 폴란드 영어가 다 조금씩 다르다. 영어가 모국어 수준인 사람도 처음 이들 영어를 접하면 못 알아들어 어리둥절 한다. 김 회장은 오만 잡다한 영어를 다 잘 알아듣는다. 수십 년간 장사판에서 갈고 닦은 실력이다. 말콤 글래드웰은 그의 저서 『아웃라이어』에서 어떤 사람이라도 1만 시간을 한 가지 일에 몰두하면 '아웃라이어' 가 된다고 주장하고 있는데, 김 회장은 아마도 몇만 시간을 쏟아부었을 것이다. 그 시간이 모두 생사를 건 상담이었으니 그 몰입도는 웬만한 '아웃라이어' 를 빰치고 남음이 있으리라.

상대의 얘기를 정확히 간파하는 것, 그것이 대화의 첫걸음이며 요체다. 김 회장은 잘 알아들음을 바탕으로 정확한 용어를 구사해 자신의 의사를 정확히 전달한다. 회장은 위대한 학습자(Learner)다.

회장은 엄청나게 읽는다. 보고서는 물론이고 신문 주간지 월간지에다 소설 등등 가리지 않고 읽는다. 회장은 영화도 많이 본다. 영화에는 우리가 생각하는 것 보다 많은 가르침이 담겨있다. 회장은 전문가들과 같이 여행하면서 그들과 오랜 대화를 갖기도 한다. 회장은 세상일을 그냥 보아 넘기지 않는다. 소년의 호기심으로 매사를 대한다. 회장은 경영학이 정의하는 학습(Learning)하는 경영자의 전형이다.

수많은 세계지도자들과 밀도 있는 대담을 하면서 얻어진 고급 정보들이 회장의 머릿속에 가득하고, 보고 듣고 읽으면서 얻은 온갖 정보와 함께 머릿속에서 용해되어 지식이 된다. 그런 지식이 "역시 김우중이야." 하는 코멘트가 나오게 했을 것이다.

오래 살아남고 출세도 하려면

회장 일행은 그날 오후에 우즈베키스탄의 수도인 타슈켄트 공항에 도착했다.

우즈벡 정부가 제공하는 세 대의 승용차에 나누어 타고, 경찰의 에스코트를 받으며 시내 중심가에 있는 쉐라톤 호텔로 왔다.

회장과 그 지역 담당 최고의 참모인 C 부사장은 그 나라 부수상이며 교통부 장관을 겸직하고 있는 분과 만찬 면담을 갖고 나머지 일행은 한국인이 운영하는 한식당에서 저녁을 먹었다.

회장이 호텔로 돌아왔을 때는 밤 10시가 가까운 시간이었다.

회장의 스위트룸에 모두 모였다.

여섯 개의 의자가 놓인 식탁에 회장과 C 부사장, 우즈벡 대우자동차 사장, (주)대우우즈벡 지사장, 카자흐스탄 지사장, 다섯 사람이 둘러앉았다. 나머지 인원들은 회장의 자리에서 10여 미터쯤 떨어진 소파에 앉아서 회장 쪽의 대화를 듣고 있었다.

여러 가지 얘기가 오고 가던 중에 우즈벡과 카자흐스탄에 들여오고 내 보내는 화물들의 수송비를 어떻게 하면 절감하느냐는 문제에 이르러서는 목소리가 조금씩 높아졌다.

회장은 지금의 수송 시스템과 송료가 불만이었고, 찾아보면 더 나은 조건이 있을 것이라고 했다. 두 지사장이 회장의 주장을 받아들이지 않았다. 이야기는 미세한 숫자로 흘러갔고 회장의 목소리가 높아졌다. 지사장들은 지지 않았다.

새벽 2시가 가까워지고 있었다. 내가 옆에 앉은 김 교수에게 "김 교수, 관계되는 일도 없는데 그만 들어가서 쉬시지요."라고 했다. 김 교수는 대우의 '세계경영'을 연구하기 위해 회장의 전 일정을 동행하고 있는 경영학 박사였다.

"아닙니다. 저는 김우중 회장의 커뮤니케이션을 학습하고 있습니다. 너무 의외이고 너무 재미있어서 어떤 결론이 나는지 끝까지 봐야겠습니다."

김 교수의 대답이었다.

회장과 하급 관리자가 서로를 향해 목소리를 높이고 있었던 그 시간, 세상은 교통사고로 사망한 다이애나 전(前) 영국 왕세자비에 대한 뉴스로 요동치고 있었다. 다음날 아침 눈을 떠서 TV 리모콘을 눌렀을 때 모든 채널들이 다이애나의 사망보도로 뒤 덮여 있었으니까. 김우중 회장이 역동적으로 밀고 나가던 '세계경영'의 역사와 서구 문명의 이해할 수 없는 스캔들의 역사가 같은 시각에 이루어지고 있었던 것이다.

"저 두 지사장은 부장 급이지요?"

김 교수가 내게 물었다.

"그렇습니다. 둘 다 부장입니다."

김 교수는 걱정스러운 얼굴이 되어 다시 물었다.

"부장이 회장의 말씀에 저렇게 덤벼들어도 괜찮은가요."

"덤벼들었으니 꼭 이겨야 합니다."

"김 전무님이 보시기에는 어느 쪽이 이길 것 같습니까?"

"저 사람들이 명분 싸움에서는 회장에게 지고 있는 것이 분명합니다. 숫자 얘기로 들어갔으니, 숫자야 실무책임자가 더 잘 알겠지요. 숫자 싸움에서는 저들이 이겨야 합니다."

"지면 어떻게 됩니까?"

"지면? 무능한 간부지요. 처음에는 회장의 명분도 인정하지 않았어요. 명분에 밀리니 숫자를 들고 나왔는데, 현실은 명분과 다르다는 주장을 하려는 것입니다. 숫자로도 못 이기면 회장 머리에 시원치 않은 사람으로 각인되겠지요."

"이기면요?"

"이기면 그 반대지요. 유능한 간부라고 회장이 기억할 것입니다."

"하지만, 저렇게 덤벼서야 이겨도 찍히지 않을까요?"

"천만에요. 저 게임에서는 이겨야 오래 살아남고 승진도 합니다."

김 교수가 몇 번이나 고개를 끄덕였다.

"좋은 장면을 보았습니다. 회장의 커뮤니케이션을 이 보다 잘 설명할 수는 없을 것입니다."

김 교수 입에서 나온 마지막 코멘트였다.

봉제공장 다 죽어

내가 대우에 입사해서 비서실로 발령을 받은 2주일쯤 되었을 때의 일이다. 김우중 사장이 해외 출장을 떠나면서 내게 가족사 공장들을 둘러보라고 했다. 중요한 공장만 돌아보는데 일주일이 소요되었다.

일주일에 걸쳐 꽉 짜인 일정으로 공장투어를 하는 것은 고역이었지만 아무런 책무도 없는지라 마음은 편했다.

10월 하순의 산천은 아름다웠다. 특히 고성과 통영을 지나 거제로 이어지는 길은 현란한 단풍과 어우러져 나그네의 마음을 흔들리게 했다.

부산 가덕도 앞에서 거제도를 왼편으로 하고 진해만을 빠져나가 한산섬 삼천포 남해 여수 목포에 이르는 다도해 뱃길은 세상에서 제일 아름다운 자연 경관이다. 일본이 자랑하는 세도나이가이, 베트남의 하롱베이, 지중해와 발틱 해의 뱃길도 우리의 다도해에 미치지 못 하리라. 있는 그대로 잘 다듬어서 팔아먹으면 국부에 기여할 것이라는 생각을 하면서 그 길을 갔다.

옥포조선소 다음이 '부산공장' 이었다.

부산공장은 부산에 있는 대우실업(당시 이름)의 봉제공장을 이름이다. 그때 섬유수출은 우리나라의 주력산업이었고, 부산공장은 아시아에서 제일 큰 봉제 공장이었다.

부산공장의 J 사장과 임원들에게 인사를 드리고 있는 중에 J 사장이 재단사를 불렀다. 재단사가 내 드레스셔츠 치수를 잰 뒤에 옷감 샘플 책과 스타일 책을 내 앞에 내 놓았다. 사장께서 내게 12개를 고르라고 했다. 나는 깜짝 놀랐다. 나는 드레스셔츠와 넥타이를 자주 사는 편이다. 그렇다고 한 번에 열두 개를 사보지는 않았다.

사장께서 "한 장에 1불(U$)받고 수출하는 거니 너무 부담 갖지 마세요."라고 했다. 정확한 기억은 안 나지만 국내 가격의 10분의 1도 안 되는 가격이었다.

"사장님, 국내 시장에 팔면 수익이 엄청 클 거 같은데요."

"아이고, 국내에 팔면 돈 엄청 벌지요." 한 임원이 끼어들었다. 사장이 웃었다. 그리고 덧붙였다.

"김우중 사장께 여쭈어 보세요. 그 양반이 못 팔게 하니 못 팝니다."

동석한 임원들이 함께 웃었다. 나는 웃지 않았다. 의아할 뿐이었다.

시간이 지난 뒤 김우중 사장께 왜 국내에 팔지 못하게 하는지 물어보았다. 사장의 대답은 아주 간결했다.

"우리 공장 물건 시장에 나가면 (우리나라) 봉제공장 다 죽어."

"그렇게 해도(수출만 해도) 이익이 나는데 재봉틀 몇 대 놓고 먹고 사는 사람들 모두 문 닫게 하면 죄받지." 이어진 그의 설명이었다. 나는 빙그레 웃고 있는 사장의 얼굴을 멀거니 쳐다보았다. 가슴이 찡했다.

얻어 들은 에피소드 두 가지를 소개한다.

언젠가 정부(공기업)가 소유하고 있던 한 호텔을 민간에 매각하기로 했다. 정부 관계자가 김우중 사장을 만나 호텔을 매입할 의사가 있는지 물었다. 김 사장은 거절했다. 정부 소유의 골프장 하나를 매각할 때도 김 사장은 매입의사가 없다고 했다.

그때 그 호텔이나 골프장의 내정 가격은 엄청나게 낮았다. 지금 어떤 재벌이 소유하고 있는 그 호텔의 값은 아마도 수천억이 될 것이다. 도시 근교에 있는 그 골프장은 지금 새로 건설하려면 땅값만도 수천억이 되지 않을까 싶다.

회장은 호텔이건 골프장이건 근본적으로 부동산 장사라는 이유로 거절했다고 한다.

김우중 회장의 비지니스 철학은 남달랐다. 그는 설탕이나 밀가루 같은 소비재 산업에는 관심이 없었다. 부동산에도 관심이 없었고 유통업이나 서비스업에도 관심이 없었다. 그의 관심은 오직 제조업이었다. '산업보국' 이 아니라 '제조업보국' 이었다. 어리석었던 것인지 전략 착오였는지 알 수 없는 일이나, 그때 우리나라의 형편을 기준으로 한다면 참으로 높이 살만한 가치관이었다.(그 뒤 20여년이 지나면서 일부 유통업이나 서비스업에 참여한 것은 다른 차원의 얘기가 될 것이다.)

연금술사

우리나라는 얼마 전까지만 해도 아시아 1등이면 큰 자랑이었지만, 요즈음은 세계 1등이 아니면 별로 자랑거리가 되지 못한다.

제왕절개(39.6%) 세계 1위, 여성흡연자 1위, 흡연량 세계 1위, 낙태율 세계 1위, 40대 남성 사망률 세계 1위. 남성 혼자 밥벌이하기 세계 1위. 이런 재미없는 1등도 있지만 자랑스러운 1등도 많다.

상업조선 가전제품 반도체 등이 세계 1위다. 한 모자 회사가 세계시장의 90%가 넘는 점유율을 갖고 있고, 비슷한 수치를 자랑하는 헬멧 회사도 있다. 놀라운 일이다. 우리가 모르는 가운데 세계 1등이 늘어나고 있다.

스포츠 부분에서는 유독 1위가 많아 우리를 흥분시킨다.

1등 뒤에는 언제나 보이지 않는 연금술사가 있다.

김연아의 뒤에는 어머니가 있고 코치가 있다.

일본이 한국바둑을 상대도 해주지 않았던 1983년 김우중 회장이 한국기원 총재로 취임했다. 회장은 프로기사의 대표자들과 만나 현안을 논의했다. 프로기사들이 바둑만으로는 가정생활을 영위하기 어려워 바둑에 전념하지 못한다는 대답이 으뜸과제로 제기되었다.

수입이 일정치 않으니 바둑에 전념할 수 없다는 말이다.

무항산무항심(無恒産 無恒心)이라고 맹자께서도 말씀하시지 않았나.

회장이 문제 해결을 약속했다.

회장은 프로기사들을 채용해줄 수 있는 회사의 명단을 작성하고 회사들과 교섭을 해보라는 지침을 대우그룹 기조실장에게 주었다. 그때 기조실의 인사팀 임원이었던 내게 그 일이 맡겨졌다.

우리팀은 한국기원에서 기사 명단을 받아 열두 명을 대우 가족사에 먼저 배정을 했다. 그리고 40여개 회사의 명단을 만들어 들고 그들 회사의 인사담당자를 찾아 뛰었다.

쉬운 일이 아니었다. 회사의 총수나 CEO가 바둑을 두거나 이해하는 회사는 곡절을 겪었어도 일에 진전이 있었지만, 침도 들어가지 않은 회사가 적지 않았다.

회장이 나섰다. 회장이 10년쯤 손아래이고 학교 후배인 H그룹 사장과 통화를 했다.

— 박 사장, 딱 한 사람만 받아 주면 좋겠는데.

— 아, 우리 회사는 벌써 열두 명이나 배치를 했지.

— 이렇게 안 하면 일본과 중국하고 겨룰 수가 없어. 한국 바둑을 위해 한 사람만 고려해 줘.

— 당신 회사에도 바둑 좋아하는 직원들이 많을 건데, 지도사범 배치해주면 모두들 좋아할 거야.

— 그래, 그럴 거야. 고마워, 박 사장.

— 박 사장도 피치 못하게 취직시켜야 할 경우가 있지 않겠어. 그럴

때 내게 보내. 내가 받아 줄게. 박 사장, 정말 고마워."

회장이 체크한 명단을 내게 주면서 "죽을 지경이구먼." 이라고 했다.

'죽을 지경이구먼.'

그 말은 회장이 답답할 때 쓰는 말이기도 하고 자신의 역할로 뭔가를 이루었을 때, 만족스럽거나 성취감 같은 것을 느끼거나 할 때 쓰는 표현이기도 하다.

그렇게 해서 64명의 기사를 취직시켰다.

사양하는 몇몇 기사를 제외하고 한국기원소속 프로기사 전원이 취직이 된 것이었다. 급여는 대체로 대졸 신입사원에서 부장급까지의 수준으로 정해졌다. 급여는 기사들의 가정으로 송금되었으니 기사들의 가정생활이 안정되는데 크게 기여했음은 명약관화다.

한국 기원의 숙원사항의 첫 번째가 해결된 것이었다.

성동구 홍익동에 새 회관을 마련했다. 5층의 꽤 넓은 건물이다. 공부할 방도 있고 대국을 중계할 시설도 갖추었다. 용인에 있는 대우연수원 안에 2층의 소담한 연구원생 숙소를 짓고 유망주 발굴 훈련을 지원했다.

대표 기사들의 요구가 빠짐없이 이루어진 것이다.

한국바둑은 일본을 저만치 따돌리고 20여 년간 세계의 중심으로 우뚝 섰고 지금 중국의 파상공세에 맞서고 있다. 조훈현 이창호 두 영웅의 눈부신 활약과 일당백의 젊은 장수들의 탄생으로 이루어진 일이다.

그 뒤에는 회장이 있었다. 2000년 대우가 워크아웃에 들어갈 때까지 17년간 회장은 한국바둑의 연금술사역을 했다.

김우중 회장은 한국축구의 연금술사이기도 했다.

그는 한국 최초로 프로축구단을 만들었다. 1989년 2월부터 약 4년간 대한축구협회 회장을 맡았을 동안 한국축구를 위한 헌신적 노력은 월드컵 신화의 기초가 되었다. 월드컵 유치도 실은 김우중 회장의 아이디어에서 시작되었다.

박철언 전 체육부 장관의 회고담을 보자.

우리나라 4강 신화를 창조한 2002년 월드컵 대회는 필자가 체육청 소년부 장관으로 재직 중이던 1991년 초에 김우중 대한축구협회장의 건의를 받아들여 범국가적 차원의 지원을 결정했고, 그 후 월드컵유치 위원회를 구성하여 대회를 유치했다.(2006년 7월 31일 경북신문)

김우중 회장은 아이디어를 제공했을 뿐 아니라 득표 활동을 위해서도 혼신의 노력을 기울였다. 대우 중남미 본부장으로 파나마에 주재하고 있었던 서재경 전무가 휘하 지사장들에게 보낸 지휘서신을 모아서 발간한 『세상은 넓고 팔 물건은 없다』는 책에 월드컵 유치활동에 관한 얘기가 세 번 나온다.

본사의 장병주 부사장으로부터 '급하고도 중요한' 지시를 받았습니다. 국가적으로 필요한 중요한 과제이기 때문에 모든 업무를 제쳐두고 지난 며칠 간 카리브 해의 몇 개 나라를 다녀왔습니다. 힘들기는 했으나 만족할 만한 성과를 거두고 돌아왔습니다.

지난번 편지에서 '급하고도 중요한' 일로 카리브 해 몇 나라를 다녀왔다고 말씀드렸는데, 그것은 월드컵 유치라는 국가적 대사를 위한 일이었습니다. 일본과 공동 개최를 하게 된 것은 사실상 한국의 승리나 다름없습니다. 제가 임무를 받았을 때가 3월 초인데 그때 까지만 해도 우리가 힘든 상황이었다고 합니다.

대우의 활동은 아주 확실한 성공을 거두었습니다. 이런 작업에 참여하여, 성공리에 임무를 마칠 수 있었던 것은, 저로서는 큰 행운이 아닐 수 없습니다. 그러나 이런 성공은 제 개인의 능력이나 실력과는 무관합니다. 성공의 비결은 오로지 대우의 조직력과 잠재력에 달려 있음을 확실히 해둡니다.

중남미 본부장뿐 아니라 전 세계 대우 조직이 일사분란하게 움직였을 것임은 미루어 짐작할 수 있는 일이다. 확실한 곳에는 바람들어가는 것을 막기 위해, 어중간 한 곳에는 끌어오려고, 마음이 떠난 곳에는 행여 돌이킬 수 있는 기회가 있을까 하고, 빠짐없이 찾아 다녔을 터이다.

90년대 초, 김 회장의 활동을 영국의 BBC는 '마이다스의 손' 이라고 보도했다. 손이 닿기만하면 황금으로 변하는 신화의 손, 글쎄! 그는 부여된 일이 이루어질 때까지 집념을 갖고 밀고 나간다. 대장장이같이 차근차근 꾸준히 하기도 하고 토끼를 향해 달려드는 호랑이처럼 저돌적인 추진력으로 밀어 붙이기도 한다.

나는 그를 '연금술사' 라고 부르고 싶다.

어느 날 '마이다스의 손' 은 무참하게 잘렸고 '연금술사' 의 좌판은 빼앗겨 버렸다. 어떤 이는 자신의 실수라고도 하지만 계략이 있었다고 보는 사람도 많은 것 같다.

이유가 어디에 있건 그가 그려왔던 '세계경영' 이란 이름의 웅대한 그림을 아는 사람들은 가슴이 터지는 통증을 안고 있다.

그의 '세계경영' 이 2010년까지만 지속되었다면 그는 이 나라를 위해 진정 화려하고 가치 있는 연금술사가 될 수 있었을 것이다. 우리 모두의 손실이며 불행이 아닐 수 없다.

회장의 얼굴 값

1999년 말, 대우정보시스템주식회사는 대우그룹에서 떨어져 나와 독립회사가 되었다. 사원들 사이에 회사의 이미지를 새롭게 하기 위해 사명(社名)을 바꾸어야 한다는 여론이 워낙 뜨거웠다.

CEO였던 나는 설문조사를 해보기로 했다. 질문은 두 가지였다. 개명에 찬성하느냐, 찬성한다면 어떤 이름이 좋은가.

'회사명을 바꾸자' 는 응답이 40%가 넘지 않았다. 놀라웠다. 민주주의는 다수가 이끌어 가는 것이 아니라 큰 목소리가 이끌어 가는 게 아닌가 싶었다. 바람직한 회사명으로 100여개의 제안이 나왔지만 그 가운데서 깔끔한 이름이 보이지 않았다.

나는 다섯 개 항목의 앙케트를 직접 작성해서 30여명의 지인들, 특히 대학 교수와 컨설턴트들에게 팩스로 보냈다. 회신을 받아 보니 전문가들의 의견도 거의 반반으로 갈렸다.

고민을 하고 있던 어느 날, 대우의 '세계경영' 을 학문적으로 연구하고 있던 한 대학 교수로부터 만나자는 연락이 왔다. 그는 대우의 현장이 있는 여러 나라를 두루 다녔고 회장의 출장에 상당기간 수행을 하기도 해 대우에 관하여 대우의 현직 사장들보다 더 광범하고 현실적인 지식을 갖고 있었다.

그가 내게 물었다.

"대우의 브랜드 가치가 얼마나 된다고 보십니까?"

"글쎄요. 10년 뒤 대우의 모습은 그릴 수 있는데, 브랜드 가치라. 잘 모르겠네요." 라고 대답했다.

"500억 불은 되고도 남습니다. 대우의 브랜드 가치가 200억 불이구요. 김우중 회장의 개인 브랜드 가치가 300억 불은 됩니다."

"너무 부풀리는 것 아닙니까?" 라는 나의 회의적 물음에 그는 확신에

찬 어조로 대답했다.

그는 자기가 계산을 해보았고, 10년 뒤 대우의 '세계경영' 목표가 달성이 된다면 그때 대우의 브랜드 가치는 아마 몇 배는 될 것이라고 했다.

40대 초반의 소장 교수인 그의 눈에 광채가 있었다.

그렇게 된다면 미국의 GE를 능가하는 세계 제일의 기업이 되겠다는 생각을 했지만 이미 '만약'에 일 뿐인 얘기였다. 날카로운 칼날이 내 전신을 가르고 지나가는 아픔이 있었다.

"하지만 이미 무너진 회사인걸요."

"그러니 안타까운 일입니다."

교수가 말을 이었다.

"사장님, 회사 이름을 바꾸려고 하신다는 설문을 보았습니다. 바꾸지 마세요. 대우가 얼마나 거창한 이름인데 그 이름 버리고 지금의 '대우정보' 만한 이름값을 갖는 회사를 만들 수 있을 것 같습니까? 안 됩니다. 절대 불가합니다."

그의 목소리가 올라가고 있었다. 나는 그의 말을 받아들였다.

사명 변경은 그래서 더 이상 진행되지 않았다.

나는 그가 옳았다고 믿고 있다. 지금 대우정보라는 회사가 다른 이름을 갖고 있다면 그 회사를 인지하는 사람이 몇 안 될 것이다. 그때로부터 이미 10년이 지났는데도, 그때의 에피소드가 잊히지 않는 것은 대우의 몰락을 아까워하는 회한이 날이 갈수록 커가기 때문이리라.

나는 9년 전 대우정보를 사임한 뒤 외국계 기업의 한국법인 회장직에 있었고, 안과 밖이 차돌같이 단단한 한 대기업의 사외이사직에 있지만 누군가가 나를 소개할 때는 '김우중 회장의 비서' 라는 말을 맨 먼저 한다. 그리고 '대우회사 사장' 이란 말을 그 다음에 한다.

그럴 때마다 나는 김우중이란 이름 세 자가 여전히 가볍지 않음을 절감한다.

대우가 몰락하지 않았다면 지금쯤, 그 교수의 말대로 '김우중 회장' 이란 이름의 브랜드 가치가 3,000억 불쯤 되었을까 궁금해진다.

장보고의 죽음과 김우중의 몰락

나는 장보고 장군이 우리나라 역사를 통틀어 가장 위대한 인물 중의 한 분이라고 생각하고 있다. 그의 진취적 기상과 성취에 무게를 두기 때문이다.

지금부터 약 1,200년 전에 그가 이룩했던 업적은 상상을 뛰어넘는 것이었다. 바람과 노에 의해 움직이는 배를 타고 청해진에서 산동성까지 가려면 얼마 만큼의 시간이 걸렸을까. 시간도 시간이지만 비바람과 파도와 조류와 사투를 벌여야했을 것이다. 콜럼버스의 항해는 여왕의 지원을 받았고 항해술이 엄청나게 발전해 있었다. 장보고에게는 정부의 지원이 없었고, 조함술도 항해술도 원시적이었던 때다. 오직 자신의 의지와 두뇌로 이루어 내었다. 이런 관점에서 보면 콜럼버스의 신대륙 발견보다 더한 진취적이고 장쾌한 활동이었다. 엔닌(圓仁)이란 일본인 승려가 그를 '해신' (海神)이라고 일컬었을 때는 그만한 이유가 있었으리라.

김우중 회장이 이탈리아 수상실을 방문한 적이 있었다.

수상이 김 회장과 악수를 하면서 이렇게 말했다.

"김 회장, 당신은 날 잘 모르지만 나는 당신을 잘 알아요."

"수상 각하, 저를 어떻게 아십니까?" 김 회장이 얼떨결에 물었다.

"내가 지난달에 동구라파와 중앙아시아 몇 개 나라를 순방했는데, 만나는 대통령과 수상들이 모두 김 회장 얘기를 합디다. 김 회장은 위대한 전략가라고 말들 하더군요. 크게 감명을 받았습니다."라고 대답했다.

김우중 회장만큼 세계 지도자를 많이 만난 사람이 세상에 있을까.

그것은 그의 활동 영역이 그만큼 넓었다는 것을 말해준다. 그는 유럽의 끝인 노르웨이, 아프리카의 최남단 남아공 그리고 남미 대륙의 끝자

락에 붙어 있는 우루과이까지 갔다. 1999년 해외에 법인과 지사 등 590여개가 있었다. 장보고 이후 최초의 쾌거이며 위대한 성취가 분명하다.

장보고 장군은 자객의 손에 허무하게 죽었다.

그 이유를 명쾌히 밝히는 자료는 없다. 소설이 있고 드라마가 있고 뮤지컬이 있을 뿐이다. 나는 상상한다. 그가 그렇게 죽어야 할, 그를 그렇게라도 죽이지 않으면 안 되는 신라 권력자들의 논리와 명분이 있었을 테다. 그럼에도 그가 살아서 이룩했던 찬란한 성취를 상상하면 가슴이 뛰는 한편 가슴이 아프다.

역사는 1000년에 한 번씩 비운의 영웅을 내는 것인가.

김우중 회장도 권력의 결정에 의해서 몰락했다.

김우중 회장을 죽이기로 결정한 사람들, 그들에게도 그렇게밖에 할 수없는 지당한 논리와 명분이 있었을 것이다.

800명이 넘는 청중이 모인 자리에서 국회의장을 역임한 김 모 의원께서 하신 연설의 한 토막이다.

"베트남에 가서 수상을 만났더니, '김우중 회장 같은 애국자를 왜 죽이느냐? 잘못이 있어도 그런 사람은 살려서 국가에 기여하게 해야 하는 것 아닌가. 그것이 정치의 영역인데' 라고 말하더라. 평생 정치를 해 온 사람으로서 부끄러웠다."

모든 것이 그 자신의 일차적 책임이라는 데는 이론의 여지가 있으랴마는, 무너지지 않아서 국가에 기여했을 장대한 대우를 생각하면 언제나 마음속에 서늘한 바람이 일어나는 것은 어쩔 수가 없다.

김기스칸 vs 칭기즈칸

1990년대 중반, 동구라파의 한 신문이 대우의 '세계경영' 을 보도하면서 김우중 회장에게 '김기스칸' 이라는 별칭을 붙여주었다.

불행히도 그 보도 내용에 대해 필자가 기억하는 것은 이것뿐이다. 누군가 신문 스크랩 같은 자료를 갖고 있겠지만 굳이 자료가 필요치 않을 것이기에 필자의 자의로 보도에 대해 해석을 달아 보려한다.

'김기스칸' 이라는 별칭은, '칭기즈칸' 이 황량한 몽골 땅에서 군사를 일으켜 저 멀리 동구라파까지 진격해 간 것과, 500만 원 짜리 회사에서 시작한 김 회장이 '세계경영' 이란 깃발을 들고 '칭기즈칸' 과 비슷한 길을 간 것을 비교한 것임을 누구나 쉽게 간취할 수 있으리라. 활동 영역의 확장이라는 측면 하나만을 놓고 보면 두 인물의 성취가 비슷하다.

그러나 두 사람사이에는 차이가 너무 많다.

무엇보다도 '김기스칸' 의 활동영역이 비교도 안 되게 더 넓다. 칭기즈칸은 중앙아시아와 동구라파 초입까지 갔지만, '김기스칸' 은 '칭기즈칸' 이 가지 못한 동아시아 섬나라들, 북미, 남미, 호주, 아프리카에 이르기까지 그야말로 5대양 6대주에 안 간 곳이 없다. 대우가 무너지던 1999년에 대우는 전 세계에 약 590개의 법인과 지사를 갖고 있었다.

'칭기즈칸' 은 창과 칼로 인간을 살육하며 정복해 갔지만, '김기스칸' 은 돈과 기술과 경영 노하우로 진출해 갔다.

'칭기즈칸' 이 일방적 지배체제를 구축했다면 '김기스칸' 은 상생을 추구했다.

칭기즈칸의 정복은 잔인하고 무도하고 참혹했다.

『칭기즈칸』(해롤드 램Harold Lamb 저, 강영규 역, Genghis Khan - The Emperor of All Men)의 마지막 장 '못 다한 이야기들' 에 나오는 한

구절을 여기 옮긴다.

> 몽골 전사들이 가는 곳마다 벌였던 끔찍한 살육의 현장, … 중략 … 수많은 나라의 국민들을 죽음의 공포 속에 몰아넣었던 대학살의 장면은 유럽인 이슬람인 중국인들이 쓴 몽골 역사에 상세히 묘사되어 있다. … 중략 … 키예프(필자 주, 고대 비잔틴 문화의 중심지, 지금 우크라이나 수도)는 노인, 젊은 여자, 어린이에 대한 살육과 강간에다 설상가상으로 질병과 기아까지 겹쳐 가장 처참한 도시가 되어 버렸다. 시체 냄새가 너무 심해서 몽골인들 조차 그 근처를 피해 다닐 정도였다. 몽골인들은 그곳을 '재앙과 비애의 도시' 라고 불렀다.

이에 비해 '김기스칸' 은 가는 곳마다 공장을 건설해서 일자리를 만들고, 기술과 경영 노하우를 가르쳐서 그들이 밥벌이를 하게 만들었다. 탈무드의 지혜처럼 고기를 잡는 방법을 가르쳐 준 것이다.

'칭기즈칸' 이 온다고 하면 사람들은 공포에 떨었지만, '김기스칸' 이 가는 곳에서는 사람들이 그를 기쁘게 맞이했다.

'칭기즈칸' 의 정복이 세계 역사에 미친 긍정적 결과도 있을 것이지만, 그것은 잔혹한 살육과 정복의 결과로 나타난 파생적 현상이지 그 같은 목표를 갖고 정복을 시작한 것은 아니었다.

'김기스칸' 의 경우는 처음부터 인류의 삶에 기여한다는 분명한 목표를 갖고 시작한 것이었다.

'김기스칸' 이란 별칭을 붙여 준 기자는 두 영웅의 지리적 확장에만 초점을 맞추었을 뿐, 확장의 바탕에 있는 가치의 차이를 간과하지 않았나 싶다.

아! 물거품이 되어버린 그의 노력이여!

아! 산산이 부서진 그의 꿈이여!

회장의 원죄(原罪)

김우중 회장은 실패한 사람인가.

30년에 걸친 그의 노력과 눈부신 성취는 갈기갈기 찢기고 흩어져 버렸다. 그의 화려했던 꿈도 부서져 내렸다. 휘하 사장과 참모들이 법의 재단을 받고, 당신께서도 5년이 넘는 낭인의 생활에 이어, 옥살이에다 17조 원에 달하는 벌금형을 받았으니 그 보다 더 큰 실패가 있을까 싶다.

실패자가 아니라는 논리도 꽤 설득력을 얻고 있는 듯하다. 세계 1등인 조선회사, 대한민국 제1의 건설회사, 증권회사, 기울어져 가는 골리

앗 GM자동차에 이익을 가장 많이 내 주는 효자 회사인 자동차회사 등등, 그런 회사를 피땀 흘리고 뼈를 깎으며 만들어 놓았으니 실패한 인생이 아니라는 것이다. 참으로 고마운 견해들이다. 김 회장은 말할 것도 없고 그의 비전에 동참했고, 분골쇄신했던 수십만의 대우인 들에게 크나 큰 위로가 아닐 수 없다.

그가 실패자가 아니라면 그의 진짜 죄는 무엇일까. 나는 이따금 이 질문에 골머리를 싸맨다.

오바 산조 나이지리아 대통령을 면담하는 영광스러운 기회가 내게 있었다.

7~8년 전의 일이다. 나이지리아의 수도 아부자에서 비행기로 한 시간쯤 떨어진 거리에 있는 대통령의 사저에서였다. 그날은 일요일이었다. 장관 두 분을 포함해서 대통령실 비서관 몇 분 등 7~8명의 나이지리아 정부 고관들이 와 있었고, 한국인으로는 나와 재미동포인 강 모 회장이 초대 받았다.

점심시간.

음식은 아주 간소하게 뷔페식으로 준비가 되었고 사람들은 여기저기 편한 자리에 앉아서 음식을 먹었다. 나는 6명이 앉는 테이블에 앉아 있었다. 대통령은 처음 나와 같은 테이블이었는데 음식을 들고 옮겨 다니면서 식사를 했다. 커피 잔을 든 대통령이 내 옆에 와서 앉더니 김우중 회장의 안부를 물었다.

나는 "아직도 해외에 체재하고 있습니다."라고 대답했다. 대통령께서 "참 훌륭한 사람인데…."라고 말하더니 잠시 뒤에 말을 이었다.

"한국은 멋진 나라다(Enchanting country). 그는 멋진 한국을 만드는 데 크게 기여한 사람이다."

나는 낭인이 되어 해외를 전전하는 회장의 모습이 떠올라 울컥 눈시울이 뜨거워오는 느낌이었다.

"대통령 각하, 감사합니다. 저는 나이지리아에 와서 며칠 있으면서 각하께서 나이지리아의 발전을 위해 얼마나 노심초사하시는지를 보았습니다. 각하의 영도 하에 나이지리아는 비약적인 발전을 하리라고 믿습니다."라고 대답을 했다.

그가 싱긋 웃으며 테이블 위로 팔을 내밀었다. 나도 팔을 내밀어 그의 손을 잡았다. 그가 어릴 적부터 자기 농장에서 일을 해서인지, 군인 출신이어서인지 그의 손아귀는 억셌다. 대통령께서 말을 이었다.

우리는 많은 얘기를 나누었어요. 김 회장은 세계경제의 흐름을 내게 얘기해 주었고 나이지리아가 세계와 어떻게 협력해야 하는지, 세계 속에서 어떤 가치를 추구해야 하는지도 조언을 해주었어요. 그는 세상의 모든 나라들을 인챈팅 컨트리로 만들려는 꿈을 갖고 있었던 것 같아요. 그는 꿈이 아주 컸어요.

『위대한 기업으로Good to Great』(짐 콜린스 저, 이무열 역, 김영사 간)에 '좋은 것은 큰 것, 거대하고 위대한 것의 적이다. … 중략 … 위대한 삶을 사는 사람은 아주 드물다. 대개의 경우 좋은 삶을 사는 것으로 족하기 때문이다. 대다수의 회사들은 위대해지지 않는다. 바로 대부분의 회사들이 제법 좋기 때문이다. 그리고 그것이 그들의 주된 문제점이다.' 라고 역설하고 있다.

김우중 회장은 좋은 삶을 살 기회가 얼마든지 있었다. 인제 그만하고 인생을 즐기라고 권고하는 사람들이 많았다. '제법 좋은 회사' 로 만족

할 수 있는 기회도 대우 창업이후 계속 있었다. 그러나 김우중 회장은 '좋은 삶' '좋은 회사' 에 안주하지 않았다.

회장은 사심이 없었다. 영악한 눈으로 보면 그는 순진하거나 어리석은 사람이다. 그는 기업에 헌신하고 나라와 국민에 대한 기여와 봉사를 자신의 사명이요 존재 이유로 알았다. 대우를 세계로 영역을 확대하면서 그의 꿈은 인류에의 공헌으로 확대되었다. 모든 나라들이 함께 잘사는 길을 추구하는 것이 종국적으로 회사와 국민과 나라가 오래 크게 발전하는 길이라고 믿었다. 오바 산조 대통령의 말씀은 김우중 회장의 가치관을 간파한 고견이라고 할 수 있을 것이다.

회장은 자기가 해야 할 일 앞에서는 혼신의 노력을 기울였다. 저러다가 뼈가 으스러지지 않나 걱정이 될 때가 여러 번 있었다.

나는 대우에서 일하는 동안에 겁나는 일이 하나 있었다.

회장으로부터 '진짜로 최선을 다 했느냐?' 는 질문을 받는 것이었다.

나도 하노라고 했다. 직원들과 후배들을 향해 다소는 자신감을 갖고 교과서 같은 얘기도 했다. 그렇지만 회장에게서 그런 질문을 받으면 '그렇습니다.' 라고 대답할 자신이 없었다. 기준이 회장이 되기 때문이다. 회장은 진실로 조직과 사회와 국민을 위해 헌신했다.

그의 꿈은 장대했다.

나는 그것이 그의 원죄라고 생각한다.

그는 끊임없이 위대함을 추구했다.

그것도 그의 원죄의 하나다.

그는 희생적인 삶이 그의 존재이유라고 믿었다.

그것 또한 그의 원죄임이 분명하다.

이 세 가지야 말로 김 회장을 단죄한 법정이 빠뜨린 김 회장의 원죄가 아닐까 싶다.

단 하나의 소망

김우중 회장이 5년 8개월이라는 유랑생활에 마침표를 찍던 날, 인천공항 입국장 로비에는 사진기자를 포함한 언론종사자, 환영을 나온 사람들, 그리고 비난 피켓과 현수막을 든 사람들, 줄잡아 300여명의 인파가 뒤엉켜 북적거렸다. 직무에 충실한 언론인들의 움직임은 부산했고, 환영객들은 침통하고 숙연했으며, 비판자들은 격렬했다. 김우중 회장은 서너 명의 검찰청 직원들과 함께 조심스레 입국장을 들어섰고 말없이 그들이 준비한 자동차에 올랐다.

그날 입국장의 상황은 김우중 회장과 대우 몰락의 다면성을 상징적으로 보여주고 있었다. 김 회장은 법의 단죄를 받았고 17조원이라는 벌금을 등에 지고 있다. 그것으로 대우사태는 (대우로 인해 직간접으로 피해를 입은 사람들은 여전히 고통을 감내하고 있겠지만) 적어도 겉으로는 종결되었다. 그러나 속을 살피면 형식적으로만 종결되었을 뿐 여전히 미완이다. 대우라는 그룹과 김우중 회장에 관련한 풀리지 않은 수많은 의문점들에 대해 완벽한 연구가 이루어지는 날, 대우사태는 명실 공히 완결될 수 있을 것이다.

대우의 몰락과 관련하여 몇 권의 저서가 이미 출간되었는데, 그 책들의 핵심 논리는 대략 '경영의 공과에 대한 평가요구' 와 '김우중 회장에 대한 동정론' , 그리고 '권력에 의한 음모론' 이렇게 세 가지로 집약된다.

『김우중 비사 – 대우그룹 자살인가 타살인가』(한국경제신문사 특별취재팀, 2005년)는 제목 자체가 말해주고 있듯 공과에 대한 평가와 음모론에 대한 적확한 판단을 촉구하고 있다.『세계 최대의 파산 – 김우중

오디세이』(서울경제신문 김영기 기자)는 "공을 앞세우는 사람들은 대우가 제3자에 의해 타살을 당했다고 하고, 과에 비중을 두는 사람들은 대우가 건강관리를 못하고 병을 키워 죽음에 이르렀다고 말한다."라고 양분된 관점을 지적하면서 공과에 대한 평가를 요구한다.

주치호는 그의 저서 『세계를 경영한 사나이 김우중』에 이렇게 쓰고 있다.

> 역사는 음모자에 의해서 굴러간다. 마른 잎이 대지 위를 굴러도 그곳에는 그럴 만한 힘이 작용하고 있다. 사람 눈에 보이지 않는 바람의 힘이다. 세상사 돌아가는 이치도 마찬가지다. 욱일승천하던 대우그룹의 아성이 어느 날 갑자기 와르르 무너져버렸다. 그런데 과연 부실해서 저절로 무너져버린 것일까. 대우그룹의 몰락을 보면서 우리는 음모자의 악행이 얼마나 잔혹한지를 실감한다.(191쪽)

인터넷교보문고는 소설 『잃어버린 영웅』(안혜숙 저, 화서문고 간)을 아래와 같이 소개하고 있다.

그의 뛰어난 경영철학은 소위 경제 4인방이라 불리는 경제 각료들로부터 환영받지 못하고 오히려 모함의 대상이 된다. … 중략 … 대통령은 잠깐 나가 있으라면서 조용할 때 들어오면 (주)상우와 상우자동차 경영권을 주겠노라고 설득한다. 살던 집까지 넘겨준 것은 물론 10여 년 전에 죽은 아들의 묘지가 있는 농장은 호화별장으로 둔갑하여 매도된다. 결국 아들의 묘는 파헤쳐져서 화장됨으로써 가족들의 가슴에 씻을 수 없는 상처를 남긴다.

소설의 주인공은 김우중 회장이 모델이라고 작가가 밝히고 있다. 안혜숙 작가에게 물어보았다. 김우중 회장을 아느냐고. 일면식도 없다고 했다. 그럼 왜, 어떻게 그런 장편을 썼느냐고 다시 물었다. 우리나라 신화창조의 주역이었던 사람이 그토록 허무하게 무너져 내린 게 가슴 아팠고 여기저기서 자료를 모아서 썼노라고 했다. 음모론과 동정론이 함께 제시된 소설이다.

아래 교보문고 독자 서평은 안혜숙 작가의 소설이 동정론에 불을 지폈음을 알게 한다.

나는 이 책을 읽으면서 가슴이 뜨거워지는 걸 느꼈다. 사실 나는 김우중에 대해서 안 좋은 생각을 가지고 있었다. 하지만 이 책을 한 장 한 장 넘길 때마다 대단한 사람이구나. 정말 우리나라의 보배였던 것 같다. 정부가 세계의 영웅을 이렇게까지 몰락시킬 필요가 있었을까? 흥분이 되었다.

위 주치호의 책에도 강한 동정론이 있다.

이 글을 쓰는 내내 가슴이 아렸다. 이 세상에서 가장 용맹스럽고, 가장 아름다운 마음의 소유자들인 대우인들이 어느 날 갑자기 공중분해 되었으니 어찌 슬프지 않겠는가.

음모론에 기초한 여론은 진실이 무엇인지 궁금해 하고 김우중 회장이 뭔가를 얘기해야 한다고 주장하고 있다. 한경의 『김우중 비사 – 대우그룹 자살인가 타살인가』는 서문에 이렇게 적고 있다.

집요하게도 그를 괴롭히던 신진 사류들과 그를 물어뜯고 기어이 살

점을 찍어냈던 해외의 포식자들과 … 중략 … 그는 왜 더 이상 말하지 않는 것일까. 다만 하나의 전설로만 남기고자 하는 것일까. 그의 등을 심연으로 떠밀었던 더러운 음모는 누가 기획하고 누가 각본을 쓰고 누가 실행에 옮겼을까. 여전히 그들은 음지에서 웅크리고 있는데…. 여전히 그들은 입을 닫고 있는데….

김영기 기자의 책도 "세계경영의 기치 아래 유라시아 대륙을 거침없이 내달렸던 김우중, 그는 왜 몰락했는가? 5년 8개월 동안 낭인처럼 외국을 떠돌다가 귀국한 김우중 전 대우그룹 회장. '과연 무엇이 진실인가?'"라고 묻고 "김우중, 이제 그대가 세상을 심판하라."고 주문하고 있다.

하지만 김우중 회장은 입을 열 것 같지가 않다. 몇 년 전, 태국에서 회장을 뵈었을 때 진실을 밝혀야 한다고 진언 드린 적이 있었다. 회장은 고개를 저었다. "내가 죄인인데, 모든 허물을 내가 안고 가야지, 입 밖에 내어서 세상만 시끄워지고 도움 될 일이 있겠는가. 대우가 다시 소생하는 것도 아니고…." 그런 논리였다.

동정론이든 음모론이든 김 회장의 책임론이든 이젠 큰 의미가 없다. 중요한 것은 "대우의 몰락은 연구되고 기록되어야 한다."는 것이다. 김영기 기자의 주장처럼 '대우와 김우중 회장이 한국경제사에서 가지고 있는 의미가 일회성에 그치지 않기 때문'이다.

대우의 성공과 몰락을 '하나의 신화로 남겨두기'에는 너무나 큰 꿈과 비전, 그리고 너무나 많은 교훈이 혼재되어 있다. 대우는 놀라운 성공과 참담한 실패가 공존하는 흔치 않은 사례다. 드라마보다 더 극적인 대우의 흥망성쇠 속에는 헤아릴 수 없는 교훈이 있다. 기업을 운영하는 사람에게나 경영을 공부하는 사람들에게는 물론 국가정책을 결정하는 이들에게도 가르침을 줄 수 있는 '실패학'의 보고(寶庫)다. – 대우의 세계경영은 과연 어떤 것이었는가. 그것이 앞으로 세계 속에 살아가야 할 우리 민족에게 주는 시사점은 무엇인가. 대우를 처벌한 법과 대우가 당면했던 현실 사이에서 우리 기업들은 무엇을 배우고 어떻게 처신할 것인가. 대우가 사회에 공헌한 것은 무엇이고 사회에 끼친 폐악은 무엇인가. 99년 당시 권력자들의 판단과 정책은 과연 옳았는가. 그로부터 10년 뒤에 우리가 경험한 금융 위기에서 정부가 집행한 정책과 대우사태 당시 정책과의 차이는 무엇인가. 어느 쪽이 나라에 더 도움 되는 방책인가. 다시 그와 유사한 사태가 발생하면 우리는 어떤 길을 선택해야 할 것인가 등등.

저명 경영학자이며 사회운동가라는 호칭을 붙여서 마땅할 조동성 교수는 공저 『김우중』에서 "김우중 회장은 미국보다 최소한 10년 먼저, 한국보다는 무려 20년 앞서 세계화를 전제로 사업을 벌인 것이다. 김우중 회장의 경영모델은 귀중한 연구사례다."라고 말하고 "전통적인 국제경영 이론을 무비판적으로 받아들일 것이 아니라, 이를 대체하는 새로운 이론을 만들어 아직 선진국에 이르지 못했더라도 해외에 진출해서 성공할 수 있는 논리를 이론으로 정립해야 한다."고 주장하고 있다.

더 늦기 전에 대우사태에 대해 제대로 된 연구가 시작되어야 한다. 대우를 연구했던 학자와 언론인들이 상당수 있다. 대우를 포괄적이고 심도 있게 말해줄 수 있는 사람들과 김우중 회장이 바른 기억으로 말할 수 있을 때 대우사태에 대한 연구가 시작되어야 한다. 부분적이고 단편적이나마 세계경영에 대해 증언해줄 수 있는 전직 대우 CEO들이 많을 때,

그리고 대우 사태에 간여했던 정부와 은행 관계자들이 있을 때 연구가 이루어져야 한다.

더 늦기 전에 한 기업의 경영사를 뛰어넘어 한국의 경제사이며 정치사이고 외교사이기도 한 대우와 김우중 회장, 그리고 세계경영이 제대로 정리되어 후대들에게 반면교사가 되었으면 하는 소망이다. 지금 나의 단 한 가지 소망은 그것뿐이다.

'세계경영의 신화는 비록 참담한 패배로 끝났지만, 인간 김우중의 가슴속에 담았던 웅대한 도전정신까지 잊어서는 안 된다는 생각이 머릿속에서 지워지지않는다.' 는 김영기 기자의 조용한 독백이 가슴을 두드린다.

4장 세 색 매력을 지닌 여인

이 글은 김우중 회장의 부인에 관한 얘기다.
참으로 조심스러운 일이 아닐 수 없다.
오늘 원고에 넣었다가 내일 빼고 하는 일을 1년간 반복해왔다.
김우중 회장의 50년 반려자의 얘기가 있으면
균형이 맞을 것 같아
용기를 내어 함께 싣는다.

세 색 매력을 지닌 여인

대우 창업자이신 김우중 회장의 부인 정희자 님은 여러 가지 면에서 매력 있는 여인이다.

여자로서 매력이 그 첫째다.

그는 잘 타고난 외모를 가졌다. 균형 잡힌 체격(몸매라고 해야 하나?)에 얼굴도 빼어나고 피부색도 훌륭하고 목소리도 맑다. 무엇보다도 웃음이 일품이다. 그의 터지는 웃음은 뇌쇄(惱殺)적이다. 나만의 감각은 아니다. 중역들이 소주 한 잔 하는 자리에 앉으면 모두 그렇게 말한다. 남자가 매력 있는 여자를 매력 있다고 생각하는 것이 죄가 될까마는 내가 섬겼던 회장의 부인이기에 도량(跳梁)스러운 표현이 되지 않을까 적이 조심스럽다. 혹시 무엄하고 부적절한 표현이라고 생각하시는 독자가 계시면 용서하시기 바란다.

두 번째는 한 사람의 아내이며 네 사람의 어머니로서의 매력이다.

김우중 회장은 그의 생일(12월 19일)에 회사 경영층 가운데서 60명쯤을 자택으로 초대한다. 모두 한 자리에 모여서 축사를 하고 축배를 드는 등의 의식은 없다. 도착하는 대로 아무나 하고 화투나 포커를 하거나 바둑을 두기도 한다. 앉은자리로 술과 안주가 서브된다.

접대를 위해 가족 가운데 동원 가능한 사람은 모두 동원된다. 접대 책임자는 회장 부인이다. 예쁜 한복 위에 앞치마를 두르고 빼곡이 앉아 있는 손님들 사이로 부지런히 음식을 나른다. 그날은 힐튼호텔의 회장이 아닌 회장의 부인이다. 그냥 알뜰하고 친절하고 배려 깊은 여염집의 주부다. (이 책 1장의 '생일날 집 떠나는 사람' 참조)

언젠가 세배를 드리려고 아내와 두 아이를 데리고 회장 댁에 갔다. 물론 회장은 부재중. 아들 선재가 와서 지금 손님이 계신데 곧 올라오실 테니 조금만 기다려 달라고 하면서 빈 의자에 앉았다. 어머니를 대신해 나와 나의 가족을 응대하는 것이었다. 조금 있으니 큰따님이 다과를 갖고 올라왔다. 다과를 우리들 앞에 놓고서 따님도 거기 앉았다. 조금 뒤에 정 여사가 올라왔다. 둘째 아들과 막내아들도 함께 왔다. 회장 가족 다섯 명과 우리 가족 네 명이 한자리에 앉았다. 회장의 부인과 자녀들 모두가 아버지 회사의 아랫사람의 가족과 함께 앉아 담소하고 있었다.

나와 내 가족뿐이겠는가.

그들은 그런 모습으로 온 종일을 보낼 것이 분명했다.

내 아이들만 해도 손님 오셨으니 나와서 인사하라고 하면 마지못해 나와서 고개만 꾸벅하고는 제 방으로 들어가 버린다. 요즈음 아이들 십중팔구는 그러하리라. 정 여사의 가정교육이 굉장히 높은 수준이었음을 명쾌하게 보여주는 자리였다. 잔잔한 감동의 파도가 내 가슴에 밀려왔다.(이 책 4장 '황희 정승도 아니면서' 참조)

또 하나는 공인으로서 그리고 경영자로서의 정희자 님의 매력이다.

'부산국제영화제' 는 국제적으로 인정받는 영화제로 자리매김하고 있다. 정 여사는 김동호 이사장 그리고 당시 부산시장과 함께 그 영화제의 탄생과 성장에 크게 기여했다. 그 영화제에 '선재상' 이란 이름의 상이 있었다. 어느 해 영화제에 정희자 님이 그 상을 수여하게 되어있었다. 아주대학 병원에서 허리 수술을 받고 입원 중에 있었던 그는 침대가 있는 자동차를 빌려 타고 부산으로 가 시상하고 곧 바로 병원으로 돌아왔다는 얘기를 들었다. 놀라운 성실성이며 책임감이 아닐 수 없다.

그는 건축미학, 미술, 디자인 등에 상당한 조예가 있다. 그는 힐튼호텔을 지었고 안과 밖을 디자인했다. 그는 그림을 그리지는 않지만 미술관을 지었고 화가들을 후원했고 지금도 미술관을 운영하고 있다.

대우에서 일한 20년 동안 나는 내 직책상 정희자 님과 공사 간 대화를 해야 할 경우가 여러 번 있었다. 그의 태도는 합리적이다. 그는 강하게 자신의 주장을 펴다가도 합리적인 대안이 나오면 두 말 않고 물러서는 융통성을 갖고 있었다.

그는 경영에 대한 감각과 식견도 높다.

남편의 의사 결정에 대해 견해를 달리 하는 경우, 그의 논리에 고개가 끄덕여진 경우도 가끔 있었다. 그의 판단력은 타고 난 재능에서 오는 것인지, 결혼을 했을 때 이미 대우의 창업자였던 남편과 일생을 함께 하는 가운데 곁불 효과로 터득한 것인지 알 수가 없다.

무엇보다도 관대함은 그의 큰 장점 중의 하나라고 할 수 있다. 웬만한 잘못이 있어도 덜컥 사람을 다치게 하는 행동은 절대 하지 않는다. 만약 그가 속 좁은 여자였다면 나는 대우라는 기업에서 진작에 그만 두었어야 할 일들이 몇 번이나 있었다.

정희자 님은 국내외적으로 다양한 활동을 해 왔다. 놀라울 정도로 다양하다. 나는 그가 회고록이든 수상집이든 글을 쓴다면 자라나는 우리 후손, 특히 여성들에게 큰 용기를 줄 수 있을 것이고 훌륭한 멘토의 역할을 할 수 있을 것이라고 믿는다.

90년대 중반 그가 '사임당 상' 을 받았다. 나는 사임당에 대해 자세히 아는 바는 없지만 그 자리에서 나는 그가 내가 아는 사임당의 이미지와 여러모로 비슷하다고 느꼈다.

잃어버린 필름

1985년쯤의 일이다.

그때 김우중 회장은 부지런히 중국을 드나들고 있었다.

국교가 없고 중국이 한국인의 공식적인 입국을 허락하지 않고 있을 때여서 회장과 그 수행원들은 중국 공항에서 백지에 찍어주는 비자를 들고 중국에 들어가곤 했다. 참으로 지루하고 고통스럽고 짜증나는 여행이었다. 상해를 처음 방문했을 때 회장 일행은 홍콩으로 가서 일박하고, 다음날 배를 타고 마카오까지 갔고, 부두에서 차를 타고 마카오와 중국 국경에 가서 종이에 찍어주는 비자를 받았다. 국경의 출입국 사무소를 도보로 건너 그쪽에서 준비한 자동차로 광동역으로 가서 기차로 바꾸어 타고, 저녁 아홉시가 되어서 상해역에 도착했다. 지금 인천공항에서 비행기를 다면 2시간이면 닿는 곳인데 꼬박 이틀이 걸린 거다. 회장은 새로운 사물에 대한 호기심과 미래에 대한 그림을 그린다는 심지로 그같이 길고 꼬불꼬불한 길을 재미있는 표정으로 오고갔다. 회장이 그러하니 수행원들은 소리 한 번 못 내고 따라다녔다.

몇 번 다녀서 조금 이력이 난 회장은 그 번 여행에 부인을 대동했다. 아마도 회장은 부인에게 중국 여행 경험을 자랑삼아 늘어놓았을 것이다. 무지하게 호기심이 많은 부인이 자기도 데려가 달라고 청을 했을 것이고 회장이 그 청을 받아들인 것이라고 추측한다.

그 여행의 방문지는 상해 남경 무한 항주 등의 도시였다.

마지막 방문지 항주에 갔다. 항주는 삼국지에 나오는 손권의 오(吳)와 남송(南宋)의 수도였던 도시로 2,200년의 역사와 문화를 간직한 곳이다. 우리네 장삼이사(張三李四)에게는 중국 제일의 비단과 빼어난 미인으로 잘 알려진 곳이다.

명불허전(名不虛傳). 실크로 된 중국고유 의상을 입은 호텔 여종업원들이 하나같이 아름다웠다. 반투명의 뽀얀 얼굴이, 잘라 놓은 긴 치마의 하단에 보였다 숨었다하는 하얀 다리와 함께 여행객의 눈길을 사로잡았다. 미니스커트보다 절개선이 있는 긴치마가 더 매혹적인가. 상상이 끝간 데 없이 피어오르게 했다.

어느 날, 그날도 회장의 일정은 꽉 짜여있었다. 나는 회장 부인을 모시고 서호(西湖) 관광에 나섰다. 망망무제(茫茫無際). 호수라기 보단 바다라고 해야 옳을 듯했다. 호수 주변의 자연이 사람의 손길을 받아 잘 관리되어 있고, 호수 안에 있는 섬에 만들어진 인공물들은 자연과 조화를 이루면서 옛 왕조의 영화를 짐작케 해주기에 모자람이 없었다.

다행히도 날씨가 무척 좋았다.

나는 회장 부인을 모델로 사진을 찍었다.

회장 부인은 표정이 환하고 웃음이 매혹적이다. 부인은 쉼 없이 자기를 향해 초점을 맞추는 렌즈를 향해 자연스러운 포즈를 취해주었다. 거기서 필름 다섯 통을 소모했으니 셔터를 180번쯤 눌렀던 거다. 나는 그 필름 가운데서 부인의 일생을 통해 간직하고 싶은 명품 사진이 몇 장은 나오리라고 기대했었다. 내가 찍어드린 사진을 보며 기뻐하는 아름다운 여인을 상상하는 것은 나 자신의 즐거움이기도 했다.

서울에 돌아와 보니 필름이 없었다. 여행 중에 모은 자료를 넣은 큰 가방이 아니라 내가 손에 들고 다니는 서류 가방에 잘 챙겨 넣었음에 의문의 여지가 없었다. 그것이 없다니. 귀신이 곡할 노릇이었다. 홍콩 지사에 연락도 해보았지만 아는 사람이 있을 까닭도 없었다. 걱정만 쌓이는 가운데 대책 없이 시간은 흘렀다. 한 달쯤 지났을까. 힐튼호텔 로비에서 회장 부인과 마주쳤다.

부인께서 반색을 하며 "그 사진들 아직 안 나왔나 보지요?" 라고 했다.

나는 대답을 못하고 머뭇거렸다. 내 얼굴이 빨갛게 되었을 것이다.

부인이 다시 물었다.

"왜, 그, 서호에서 찍은 사진 말이에요."

나는 퇴로가 없는 꽉 닫힌 공간에서 고양이에게 몰린 쥐의 신세였다. 참으로 난감했다. 속으로 쩔쩔 매고 있었다. 그런 경우의 유일한 해결책은 정공법이다. 이실직고(以實直告)가 최선이다. 나는 한두 번 헛기침을 한 뒤에 말했다.

“사모님, 대단히 죄송합니다. 그 필름을 잃어버렸습니다.”

좀체 당황하거나 흔들림이 없는 내 목소리가 떨렸으리라.

“저런, 어떻게 그런 일이….”

“죄송합니다. 제가 들고 다니는 손가방에 잘 넣어 왔다고 생각했는데 서울에 와서 보니 하나도 없었습니다.”

부인의 눈에 스치는 실망을 나는 똑똑히 보았다. 어떤 반응이 나올지 가슴이 조마조마했다. 어떤 책망이 돌아와도 나는 달게 받아들일 각오가 되어 있었다. 순간 마음이 조금은 편안해 졌다.

“몽땅 다 잃어버렸어요?”

“예, 모두 다입니다.”

누군가 옆에 있었다면 기어들어가는 내 목소리가 처량해보였으리라.

“저런, …, 잘 됐네, 또 갈 일이 생겨서, 가서 또 찍으면 되지 뭐. 잊어버리세요.”

그러고는 자기 갈 길로 가버렸다.

회장 부인의 사진을 그렇게 처리하고 무사히 지나는 것은 부인이 엄청나게 관대하거나 아니면 내 사주팔자가 꽤 좋거나 둘 중의 하나가 아닐까 싶다. 부인은 그 뒤 항주에 다시 간 적이 있는지 모른다. 벌써 20년이 지난 옛 일이지만 생각이 나기만 하면 얼굴이 붉어지고 가슴이 뜨거워진다.

아. 내 칠칠치 못함이여!

선재 5주기

선재는 김우중 회장의 세 아들 중 첫째였다.

선재는 서울대학교 동양사학과을 졸업하고 미국 하버드 대학교에서 MBA를 한 뒤 MIT의 박사과정에 들어갔다. 박사과정의 전공은 전자공학이었다. 학부와 대학원에서 인문사회를 공부한 사람이 전자공학 박사학위를 하겠다는 태도는 납득하기 조차 어려운 일이다. 다른 곳도 아닌 MIT에서. 그러니 선재가 얼마나 고통스러운 길을 걷고 있었는지 미루어 짐작하고도 남음이 있다. 그래도 선재는 말없이 4학기를 소화하고 있었다.

그의 바로 아래 동생 선협이도 MIT와 캠브리지 강을 건너서 마주 하고 있는 보스턴 대학교에서 석사학위 과정에 다니고 있었다.

어느 겨울이었다. 어머니 정희자 여사가 유럽을 거쳐서 뉴욕의 케네디 공항에 도착한 뒤에 곧 바로 보스턴으로 간다는 연락이 왔다.

두 아들은 함께 어머니를 마중하려고 자동차로 뉴욕으로 갔다. 보스턴에서 뉴욕 케네디 공항까지는 법이 허용하는 속도를 10마일쯤 위반해서 달린다 해도 7시간은 걸리는 거리다. 미국 북동부 지방의 겨울은 눈이 많다. 그날도 눈이 내린 뒤여서 길이 미끄러웠다. 도중에 차가 길 밖으로 미끄러져 굴렀다. 둘째 선협이는 천행으로 탈이 없었지만 맏이 선재는 유명을 달리했다. 참으로 아까운 젊은이 한 사람을 잃었다. 김우중 회장은 나중에 사장들이 모인 자리에서 "미국에서는 크고 튼튼한 차를 타야 되는데, 아이들이라고 작은 차를 타게 한 것이 후회 된다." 고 술회했다.

그 아름다운 젊은이가 가고 5주기가 되는 날이었다.

정희자 여사는 회사에는 알리지 않고 선재 친구들만 초청해서 비명에

간 아들의 넋을 위로하고 있었다. 나는 초청도 받지 않은 그 자리에 갔다. 목사님의 집전으로 간략한 추도행사가 끝나고 둘러앉아서 음식을 먹는 자리에서 정 여사께서 나를 향해 불쑥 던지는 말.

"김 전무님, 우리 선재가 착한 아이였지요?"

"애, 그럼요, 착했지요."

도둑이 제발 저리다고 나는 선재에게 지은 죄가 얼른 떠올라 마음을 조이면서 겨우 대답했다. 한참 아무 말이 없던 정 여사가 웃음을 지으면서 얘기를 이었다.

"언젠가 지 누나하고 동생들이 모여서 왁자지껄 떠들면서 얘기를 하는 걸 들었는데 '배는 고프지 김 부장 아저씨는 안 오지, 돈도 없지, 연락도 없지, 용이(선용, 셋째 아들)를 데리고 버스를 타고 집에 까지 오는데… 아주 혼났지 뭐야.' 라고 하데. 그래서 내가 무슨 소리냐고 물었더니 김 전무님이 저녁 사준다고 나오라 해 놓고 안 왔다고 하더군."

그런 일이 있었다.

회장과 부인이 모두 해외여행 중이고 누나와 둘째 아들 선협이는 미국에 있었다. 그때 나는 회장 비서실에 근무하고 있는 부장이었다. 저녁

이나 사주면 좋겠다 싶어 선재에게 전화를 했더니 선선히 응했다. 두 아들, 선재와 선용이와 하얏트 호텔 꼭대기 층에 있는 뷔페식당에서 만나기로 했다.

회장의 아들들을 만나는데 회사에서 1시간쯤 일찍 나가도 좋으련만 앞뒤가 꽉 막힌 나는 근무시간을 꽉 채우고 나갈 요량으로 7시로 약속시간을 잡았다.

사무실을 나오는데 전화가 왔다. 긴요한 용건으로 내가 꼭 만나야 할 사람이 마침 전화를 준 것이었다. 친절하게도 그가 하얏트 호텔로 와주었다. 중요한 일인데다, 그의 얘기가 뜻밖에 길었다. 꼭대기 층에서 기다리고 있을 아이들(흔히들 회장의 가족을 로열패밀리라고 부른다. 그럼 그 아이들은 프린스가 아닌가)을 생각하며 마음이 조마조마 했지만 그의 말을 멈추게 하고 일어설 수가 없었다.

30분쯤 늦게 뷔페식당에 도착했을 때 아이들은 없었다.

웨이터에게 물었더니 대기의자에서 계속 기다리다가 조금 전에 갔다고 했다. 참으로 난감할 뿐이었다. 땅을 치고 싶었다. 얼마나 융통성 없고 답답한 '인간' 이냐. 잠깐 일어나 전화를 하고 먼저 먹고 있으라고 했으면 될 일인데, 초대한 사람은 나타나지도 않고 밥이나 먹으라고 하는 것은 예의가 아니라고만 생각했던 거다.

정 여사의 말씀을 들으면서 나는 어디 쥐구멍이 없나 하고 살폈을 것이다. 나는 손으로 화끈거리는 내 얼굴을 더듬고 있었다.

"김 전무님을 욕보이려고 하는 말이 아니에요. 엄마에게 그런 얘기를 할 법도 한데 아무 얘기도 하지 않고 지나가는 것을 보고 내 아들이지만 참 착하다고 생각했거든요. 오늘 이 자리에 앉으니 생각이 나서 한 말이니 마음에 두지 마세요."

이어진 정 여사 말씀이 나를 곤혹스러움에서 풀려나게 해주었다. 정 여사께서 관대한 만큼 그 만큼 나의 부끄러움은 더 커졌다. 나는 크게 숨을 들이 쉬었다 내 쉬었다 할 뿐 아무 말도 하지 못했다.

그런 일이 있은 지 벌써 25년이 넘게 세월이 흘렀다.

정 여사께서는 아직도 내가 약속을 해 놓고 안 간 것으로 이해하고 계실 것이다. 그것은 억울한 일이다. 이것에 대해서만은 꼭 변명할 기회를 갖고 싶다. 안 간 것은 아니었다는 것. 그때 사정이 그랬다는 것. 나의 꽉 막힌 생각 때문에 그렇게 되었다는 것 등을 설명하고 사과도 함께 하고 싶은 것이다.

외로운 수상자

국제상공회의소(International Chamber of Commerce: ICC)는 2년에 한 번씩 총회를 한다. 그때 전 세계 상공인 가운데서 한 사람, 단 한 사람을 뽑아서 상을 준다.

아주 특별하고 어마어마한 상.

노벨상은 매년 수여된다.

문학상 물리학상 화학상 의학상 평화상 그리고 경제학상 모두 여섯 부문. 한 가지 상에 여러 명을 주기도 하고 짝지어 주기도 하고 단체에 주기도 한다. 2004년에만도 열세 명이 받았다. 경제학상이 제정된 1969년 이래 노벨상을 받은 사람이나 단체는 400명 가까이 된다.

ICC상은 같은 기간에 난지 18명만이 수상했다.

400대 18인 셈이다. 노벨상을 받을 수 있는 영역에 종사하는 사람과 상공업에 종사하는 사람의 숫자를 고려하면 비율은 아마도 몇백만 대 일 정도는 되지 않을까 싶다.

1983년인가, 약관 46세의 청년기업인 김우중 씨가 스웨덴의 스톡홀름에서 열린 그 해 ICC 총회에서 그 상을 받게 되었다.

김우중 씨는 그 상을 받으러 가는 일을 평상시 그의 해외 출장과 꼭 같이 준비를 했다. 수행원이라고는 비서 한 사람과 그때 스웨덴과 긴밀한 협력관계를 갖고 있었던 대우조선 사장뿐이었다. 현지에서는 대우조선의 지사 임원과 직원 두 사람이 도와 줄 터.

단 한 가지 색 다른 문제가 있었다.

부인을 동반할 것인가를 주최 측에서 물어 왔다.

지금이라면 그토록 영광스러운 자리에 부인이 함께 가는 것은 지극히 당연하고 자연스러운 일일 테지만 그때는 사회 분위기가 그렇지 못했다. 기업인이 부인을 데리고 해외로 다니는 것은 뭔가 죄를 짓는 일로 치부되던 시절이었다. 답을 찾느라 고심하던 중 한국 대표로 그 회의에 참석하는 대림의 이준용 회장실에 문의했다. 이 회장은 혼자 간다고 했다. 이 회장은 재계에서 행동의 표준쯤으로 인식될 만큼 처세가 반듯한 분이라 그분의 결정이 김우중 회장의 결정에 영향을 미쳤다. 김 회장도 혼자 가기로 한 것이다. 부인 정희자 여사는 함께 가는 것이 좋다는 의사표시를 했지만 회장의 결정에 더 이상 왈가왈부하지는 않았다.

문제는 시상식이 있었던 총회 첫날에 발생했다.

1,500여명이 넘는 세계상공업계 지도자들이 거의 모두가 부인을 동반한 것이다. 구스타브 스웨덴의 국왕도 왕비를 동반하고 나와 김 회장의 어깨에 황금 메달을 걸어주었다. 헤드 테이블의 중앙에 구스타브 국왕 내외분이 자리하고 그 왼쪽에 국제상공회의소 회장 내외분, 수상자 자격으로 국왕의 오른쪽에 자리한 김우중 회장만이 외로운 기러기가 되어 혼자 앉아 있었다. 참으로 어색한 모습이 아닐 수 없었고, 구스타브 국왕 내외분과 ICC에 크게 결례를 한 것이 되었다.

회사 안에서 이것이 말썽거리가 된 것은 불문가지. 비서실만 죽일 놈이 되어버렸다. 죽일 놈은 비서실이 아니라 바로 나였다. 나는 서양 문화를 웬만큼 이해한다고 스스로 인식하고 있었고, 의전도 웬만큼 안다고 자부하고 있었으면서 그 같은 실수를 저질른 것을 이해할 수 없었다. 현지 직원으로부터 한국사람 둘 만 혼자 왔다는 말을 전해 들었을 때 피가 거꾸로 흐르는 듯했다. 국왕 옆에 혼자 앉아 있는 회장의 허전한 모습을 찍은 사진을 보면서 더욱 참담하고 쓰라렸다.

소 잃고 외양간 고친다고, 내가 발견한 나의 오류는 세 가지였다.

첫째, 스웨덴에 있는 대우조선 임원에게 전화로 물어 본 것이 실수였다. 동반은 해도 좋지만 안 해도 상관없다는 답변에 가볍게 걸려들고 말았던 거다. 주최 측과 직접 내가 교신했어야 했다.

둘째, 이준용 회장과 김우중 회장의 차이를 생각해야 했던 거다. 이 회장은 한국상공회의소 대표로 회의참석차 가는 분이라 다중 속에 섞여 있는 사람이고 김 회장은 상 받으러 가는 사람으로 국왕과 같이 앉아야 했다.

셋째, 내가 너무 조심스럽고 소심했다. 겁이 많았다고나 할까. 소위 5

공화국의 갑갑한 분위기 속에서 내가 모시는 회장이 정부로부터, 언론으로부터, 그리고 국민들로부터, 부인을 동반하고 해외여행이나 하는 지각없는 기업인이라는 비난을 받을 우려에 너무 무게를 두었던 거다.

출장에서 돌아 온 회장의 입에서는 그에 대해 아무런 언급이 없었다.

정희자 님께 그 사실을 말씀드렸을 때 실망하는 모습이 역력했다. '거봐요. 내가 뭐라고 했던가요.' 라든가, '바보같이, 비서실이 그런 일 하나 제대로 처리 못하다니.' 라고 핀잔을 주는 말이 귀에 들리는 것 같았다. 하지만 "그랬군요." 라는 짤막한 코멘트뿐이었다.

그로써 부끄러운 한 편의 오류는 시간의 뒤안길에 조용히 묻혀버렸다. 그러나 나는 그때의 곤혹스러웠던 처지를 지금도 기억하고 있다. 부인에게는 아직도 죄스럽고 부끄러운 생각을 갖고 있다. 김 회장이 자택에서 주무시는 날은 1년에 고작 두 달 정도다. 해외에서 대략 250일, 국내에서도 두 달 가까이 지방이나 공장이 있는 곳에서 주무신다. 회사를 창업하고 그때까지 20년 가까이 부인은 이름만 있는 남편과 살고 있었다. 긴긴 세월 홀로 가정을 지키는 고통을 감내해 준 부덕의 덕분으로 받게 된 상이라 해도 과언은 아닐 것이다. 남편의 가슴에 영광스러운 메달이 걸리는 그 시간, 그 자리에 부인도 함께 있었어야 하는 거다. 자랑스러운 남편을 향해 그 풍만하고 매력적인 웃음을 폭발시키며 손이 터져라 박수를 칠 수 있었다면, 오랜 세월 가슴 속에 깊고 넓게 흐르던 외롭고 괴로운 강물을 멀리 바다로 흘러 보내버릴 수도 있었을 것을. 김 회장 당신께서도 부인에게 조금은 덜 미안한 마음으로 온 세상을 더 부지런히 뛰어다닐 수 있었을 것을.

내가 하는 일은 만사가 이렇게 칠칠치 못할 뿐이다.

노벨상을 받았다면 지금도 인구에 회자되고 있겠지만, 그 엄청난 성취는 국내 신문에 기사 몇 줄 나고 인터뷰 한두 번 하는 것으로 역사 속에 묻힌 의미 없는 이벤트가 되어 버렸다. 부인에 대한 나의 죄스러움만이 25년이 흐른 지금도 나를 문득문득 괴롭히고 있다.

김포공항 점묘(點描)

나는 6년이 조금 넘게 정 여사의 남편인 김우중 회장의 비서실에 있었다. 그 6년 동안에 딱 한 번 정 여사의 출국 영송을 하기 위해 공항에 나간 적이 있었다. 영송을 위해서가 아니라 긴급한 일이 있어서였다.

창조, 도전, 희생.

이것은 대우인들이 추구하는 철학이었고 행동강령이었다. 상당수의 사원들이 희생이라는 용어에 부담을 느끼고 있었지만 김우중 회장은 그것이 그 시대를 사는 지식인, 지도자들의 소명이라는 소신을 갖고 있었다.

소담스럽게 간소하게 근검하게 효율적으로.

이런 말을 회장이 입으로 말한 적은 없지만, 이것 또한 회장이 거대 조직을 움직이는 중요한 행동수칙의 하나였다. 회장이 스스로 그렇게 실천하니 알게 모르게 대우인들의 문화로 굳어져있었다. 회장이 해외 출장을 나가도 분명한 이유가 없으면 누구도 공항에 배웅 나가지 않는다. 회장 부인이라고 다르지 않았다.

회장 부인이 이따금 공항을 드나드는데 비서인 내가 딱 한 번 공항에 나간 것은 그런 대우 문화 탓이었다고 해야할 것 같다.

정 여사께서 먼저 나와서 대한항공 라운지에 있었다.

"사모님, 오늘 대단한 VIP가 출국하시는 듯합니다. 2층 출국장에 정장을 한 신사들이 무더기로 나와 있습니다. 서른 명은 넘어 보이던데요."

"누군지 모르시죠?"

정 여사가 빙긋이 웃으면서 내게 물었다.

"글쎄요. 공항 귀빈실을 이용하지 않는 걸로 보아 공직자는 아닌 것 같고, 차림새로 보아 연예인은 아니고, 재벌 회사 회장 정도는 되는…."

정 여사가 뒤끝이 흐린 내 말을 받았다.

"회장이 아니고 회장 부인이랍니다."

나는 깜짝 놀랐다. 회장 부인이 나가는데 이렇게 많은 사람들이(?) 싶었다.

"회장 부인인지 어떻게 아십니까?" 하고 물었더니

"아까 여기 들어오다가 만났어요." 라고 대답했다.

정희자 여사는 늘 혼자 공항을 드나들었다고 한다. 언젠가 내가 대우에 입사하기 전에, 정 여사께서 여행을 마치고 입국장으로 나오는데 어떤 남자가 느닷없이 덤벼들어 당황했던 사건이 있은 뒤로 총무부의 직원이 나가서 출국 수속도 해드리고 입국시 안내도 해드리게 되었다는 말을 들은 적이 있다. 정 여사는 회사 일에 바쁜 직원이 나와서 자기를 위해 수고해 주는 것을 늘 미안해했다. 공항을 드나들면서 행여 기관의 주목을 받을까, 언론에 가십의 대상이 될까, 남편의 얼굴에 금이 가는 일이 있을까 조심에 조심을 거듭했다.

지금은 무너지고 갈가리 찢겨 졌지만 전 세계에 590여개의 공장과 법인과 지사가 있었고 거기에 25만 명 가까운 고용원이 일하고 있었던 거대 기업 대우그룹 총수의 부인은 늘 그렇게 소박하고 소담스러웠다.

황희 정승은 아니지만

언젠가 정 여사께서 유럽 몇 개 나라를 거쳐 미국을 다녀오는 여행길을 나설 때였다.

회장이 5,000불을 주면서 "선재 엄마한테 갖다 줘."라고 했다. 선재는 맏아들 이름이다. 5천 불은 얼핏 생각해도 턱없이 모자라는 금액이었다. 회장이 가족에게 엄청난 절제를 요구하고 있구나 싶어 가슴에 외경심이 일었다. 5천 불을 손에 든 정 여사가 봉투를 내게 돌려주면서 하는 말.

"이거 김우중 씨한테 갖다 주고 잘 받았다고 말씀해주세요."

목소리는 차분했지만 강한 불만과 빈정거림이 묻어 있다는 것을 쉽게 알아 챌 수 있었다.

나는 엉거주춤한 태도로 말없이 정 여사를 쳐다보았다.

"이걸로 한 달이 넘는 여행을 다녀오라고 하던가요? 내가 정희자이지만 밖에 나가면 김우중 씨 마누라 아닙니까. 지사원들이 나 때문에 수고들 할 텐데 밥이라도 대접하고 선물이라도 사주고 해야지. 그냥 지나쳐 버리면 그 욕이 다 김우중 씨한테 돌아가요. 여편네 돈쓰는 것만 아까운 줄 알고, 마땅히 해야 할 일은 모르니 무슨 회장이에요."

정 여사는 말을 하는 동안 불평이 화로 변한 듯했다. 약간 화가 난 여인의 모습이 아름다웠다. 회장에게서 돈을 건네받을 때 정 여사의 여행 일정에 비추어 크게 모자라는 돈이 아닐까 하는 의문을 가졌던지라 나는 정 여사의 불평을 내심 이해했다. 그렇다고 불평에 동조할 수도 없었다.

나는 웃었다.

"김 부장님, 왜 웃어요. 내말이 틀렸다는 뜻인가요?"

공격적인 질문에 당황한 나머지 의미 없이 흘날린 웃음이었을 게다. 틀렸다는 웃음은 결코 아니었다. 정 여사의 논리에 동의하는 웃음이었다고 말하는 편이 진실에 가까웠을 것이다.

"죄송합니다. 사모님, 제가 아무 때나 웃는 버릇이 있어서요."라고 말했다.

정 여사가 "또 웃는다."라고 했다. 그렇게 대답하고서 내가 또 웃었던 모양이다. 그대로 받아서 회장께 전달할 수는 없는 일이었고 그렇다고 그걸로 알아서 쓰십시오, 라고 할 수도 없었다. 뭔가 대안을 내 놓아야 할 처지인지라 궁한 나머지 또 웃었던 모양이다.

"사모님, 런던 지사에 연락해서 좀 더 준비하도록 하겠습니다."

내가 제시한 대안이었다. 나는 정 여사의 편이 되어있었던 듯하다.

"아서요, 김 부장, 남편이 주지 않는데 직원들한테 얻어 쓰라고요. 직원들이 뭐라고 하겠어요."

"사모님 그럴 리가 있습니까?"

"직원들은 내 일거수일투족에 관심을 갖고 별별 얘기를 다합니다. 김 부장이 그걸 몰라요? 직원들과 바로 만나는 게 얼마나 조심스러운데요."

"일리 있는 말씀입니다만, 너무 민감하실 필요는 없을 것 같습니다."

"또 그렇지 않아요. 지사장이 내게 여비를 주면 지사장은 그 돈을 어디서 충당하겠어요. 그게 다 회사 돈이잖아요. 그뿐인가요. 사장들 부인이 와도 지사가 으레 돈 마련해주는 풍토가 생길 수도 있어요."

"그건 사모님 말씀이 옳으십니다."

"김우중 씨는 직원들에게 선심 쓸 줄 몰라요. 김 부장 그렇게 고생하며 모시고 다녀도 넥타이 하나 사주는 적 있던가요?"

"회장님께서 그렇게 자주 다니시는데 그때마다 어떻게 선물을 사주십니까. 그런데 신경 쓰실 겨를도 없으시잖습니까."

"아이고, 머리 안 돌아가는 거는 똑 같네. 김 부장한테 적당히 하라고 하면 되지. 그게 뭐가 어려워. 허구한 날 중역들 출장 데리고 다니면서, 빈손으로 집에 들어가게 하다니, 남편 체면이 뭐가 되요. 아이들은 또 얼마나 실망하겠어요. 남자들이 모두 회장을 닮아서 앞뒤가 꽉 막혔어."

회장은 출장 중에 물건들 사서 다니는 것을 아주 질색했다. 출장 온 사람이 선물에 신경을 쓰면 목표가 산만해 지고 시간도 뺏기게 된다. 상하 간에 선물 주고받는 풍토가 일반화되면 조직의 기강이 해이해 진다. 선물을 사거나 주고받는 풍토가 아예 없으면 피차 편하다. 그런 논리였다. 회장의 입장은 확고했다. 100여 차례 회장을 수행했지만 회장이 선물을 사거나 사주거나 하는 것을 본 적이 없었다.

세종 조의 황희 정승이 너도 옳고 다른 너도 옳다고 했다가 왜 모두 옳다고 하느냐는 항의를 받고 그런 너도 옳다고 했다는 유명한 에피소드가 있다. 나는 정 여사의 말씀을 들으면서 황희 정승도 아니면서 회장도 옳고 회장 부인도 옳다고 생각했다.

● 사족(蛇足) : 앞의 글 '세 색 매력을 지닌 여인'에 회장 댁에 세배 갔던 얘기가 있다. 그날 그 자리에서 이런저런 얘기가 오고가던 중에 정 여사께서 "아이고 이놈들, 내가 애비 없이 너희들을 20년을 키웠다."고 말했다.

나는 가슴이 뭉클했다.

김우중 회장은 "아버지가 모범적인 생활을 하면 아이들이 배운다."고 말한다.

이 상반된 견해에 관한 한 나는 황희 정승의 태도를 본받고 싶지 않다. 정 여사의 편을 들고 싶은 것이다. 회장의 말에도 일리가 없는 것은 아니겠지만 아버지를 보아야 아버지를 배울 게 아닌가. 1년에 겨우 60일에서 90일 정도 집에서 주무시는데, 그것도 야밤에 들어와서 곯아떨어질 게 뻔한데, 아이들은 아이들 나름대로 바쁜데, 아버지의 모습을 볼 시간이 얼마이며 아버지와 대화를 나눌 시간인들 얼마이겠는가. 회장의 언행이 성자의 그것만큼 강렬한 침투력이라도 있다는 말인가. 애비 없이 20년을 키웠다는 정 여사의 말이 설득력이 있음이다.

상무로 승격시켜주세요

경주 힐튼호텔을 짓고 있을 때 정 여사는 큰 아들을 교통사고로 잃었다.(이번 장 3절 '선재 5주기' 참조.)

그때 힐튼호텔 회장이었던 정 여사는 경주 힐튼호텔 건설 현장에 내려가서 현장 직원들과 숙식을 같이 하며 칩거하다시피 했다. 정 여사는 동이 트기도 전에 허름한 작업복을 입고 새벽의 찬 이슬을 맞으며 갓 심어 놓은 잔디에 물을 주고 잡초를 뽑았다. 천막 식당에서 직원들과 함께 조반을 드신 뒤 뙤약볕을 마다하지 않고 담을 뻘뻘 흘리며 정원사와 함께 정원을 만들었다. 나무를 고르고 심을 나무 자리를 보아주고 새로 심어 놓은 나무들을 돌보았다. 지하를 포함해서 9층인 건물을 빠짐없이 돌아보며 섬세한 여인의 눈으로 따뜻한 어머니의 손길로 호텔을 만들어 갔다.

그것은 아들을 잃은 아픔과의 처연한 투쟁이었다.

덕분에 경주 힐튼호텔은 아름답기가 으뜸인 호텔로 태어났다.

앞뒤의 정원은 조경전문가들의 찬탄을 자아냈다. 조경을 공부하는 대학원 학생들이 졸업 전에 꼭 보아야 하는 모델 현장이라는 얘기를 들은 적이 있다. 객실들은 하나하나 특징 있게 꾸며졌다. 층마다 객실의 전등이 다르다. 정 여사께서 구미의 품격 있는 호텔을 다니면서 눈에 뜨이는 전등을 사진도 찍고 스케치도 해 와서 주문 제작했다고 한다. 가벼우면서 포근하게 느껴지는 독일산 거위 털 이불은 우리나라에서 거기가 처음이었다. 독일산은 가격은 높았지만 내구연한 등을 감안하면 오히려 싸다고 지배인이 말했다. 거기서 일박한 내 친구의 표현이 호텔 방의 분위기를 충격적으로 표현해 주었지만 유감스럽게도 여기에 적을 수가 없다. 외설스러워서다.

호텔을 짓는 과정에서 현장 책임자였던 ○모 이사는 정 회장의 줄기찬 지적과 호된 질책에 큰 고생을 했다. 몇 번이나 그만 둘 생각을 했다고 그가 내게 하소연한 적이 있었다.

연말 정기 인사 때 정 회장이 그의 승진을 요청했다. 그때 필자는 기획조정실 인사담당 임원이었다. 그의 승진은 인사팀의 기준으로는 안 될 일이었다. 무엇보다도 균형과 형평의 문제였다. 놀랍도록 원칙의 틀을 고수하는 인사팀 직원들의 이심전심의 논리는 그 사람만큼 열심히 하지 않는 임원이 대우에 있느냐는 것이었다. 인사팀의 임원 고과는 차갑고 기계적이고 정량적이었다. 정성적인 요소는 각사 사장과 회장의 몫이었다. 고과 결과에 대한 인사팀의 보고를 받은 회장이 말없이 고개를 가로 저었다. 나는 인사 발표 전에 정 여사께 그 사실을 보고했다. 정 여사께서 내게 화를 냈다.

"나도 명색이 회장인데, 내가 그렇게 고생시킨 사람 하나 진급도 못시키나요. 모두들 호텔 잘 지었다고 하면서 그 일의 책임자 승진은 안 된다는 게 사리에 맞아요?"

"사모님의 말씀이 옳으십니다."

"그런데 왜 안 된다는 거예요? 김우중 회장이 안 된다고 했지요?"

그녀는 남편의 생각과 행태를 족집게 같이 집어내는 듯싶었다.

내가 웃었다.

"김 상무, 왜 웃어요. 남은 화가 나서 죽겠는데."

"사모님, 저는 그 사람이 얼마나 열심히 했는지 잘 압니다."

"나 한테 수도 없이 혼난 것도 알고 있어요?"

"네, 알고 있습니다. 공사 중에 제가 거기를 들렀을 때 굉장히 괴로워했습니다."

"서런, 그렇게 힘들어했단 말씀입니까?"

정 여사의 얼굴에 어두움이 엷게 드리워지고 있었다.

"김 상무, 회장이 그걸 알고 있어요."

"물론입니다. 다 말씀드렸습니다."

"그런데도 안 된다고 합니까?"

"저는 사모님의 지침이 있었을 때, 별 문제 없다고 생각했습니다. 그런데 자료를 검토해보니 아무래도 무리였습니다. 건설 사장과도 상의했는데 사장이 참 난감해 합니다. 1년 뒤에 승진시켜도 역시 특진이니 사모님, 1년만 기다려 주시지요."

"1년 뒤라도 특진이라고요?"

"네, 그렇습니다. 건설 사장도 약속했습니다. 이미 소문이 나서 ㅇ모 이사는 사모님의 후광을 단단히 받고 있습니다. 그는 진급된 거나 다름없이 고무되어 있을 것입니다."

"회장도 그런 내용을 알고 계세요?"

"네, 전후 사정 다 보고 드렸습니다."

"그러니 김 상무가 진급을 막은 거네."

"죄송합니다. 회사 전체를 위해서 이번에는 사모님께서 넘어 가 주십시오."

"그럼 내년에는 김 상무가 책임져야 돼요."

"내년에 제가 이 자리에 있도록 사모님께서 밀어 주십시오."

나는 또 웃었다. 정 여사도 웃었다.

합리성 앞에서 물러서 주는 정 여사가 고마웠고 존경스러웠다.

마추픽추 가는 길

북경 아시안게임 때였다.

중국 정부가 대우 임원 30명을 초청했다. 회장께서 남자들은 갈 기회가 많으니 부인들을 보내라고 했단다. 중역부인 30명이 가게 되었다.

관광버스가 매일 아침 8시에 호텔을 출발하게 되어 있었다. 북경시 관계자는 이들의 일정을 조금은 느슨하게 잡아 놓았는데 정 여사가 요청해서 바꾸었다고 한다. 정 여사는 매일 아침 7시에 제일 먼저 식당에 나와 앉아 있었고, 버스에도 맨 먼저 타고 있었다. 하루쯤 늦잠 좀 자게 해달라는 부인들의 하소연에 대해 정 여사가 말했다.

"집에 가서 실컷 자요. 북경에 볼 것이 얼마나 많은 데, 조금이라도 많이 보고 가야지. 중국 정부가 다 보고 받고 있을 텐데, 게으름 피우면 중국 정부가 우리를 우습게 볼 거구요. 여러분들이 게으름 피워서 나중에 남편들 대접 못 받게 되면 어떻게 할 거에요. 집에 가서 남편하고 아이들한테 자랑도 해야지. 열심히 다녔다고 해야 아이들한테 공부 열심히 하라고 말할 수 있잖아요."

정 여사는 그 전에 북경을 포함해서 중국 여러 곳을 다녔다. 그런데도 한 번도 빠지지 않고 부인들과 함께 다녔다.

쇼핑하는데서 시간을 보내고 있는 부인들을 향해 정 여사가 말했다.

"그만들 보고 갑시다. 쇼핑은 나중에 해도 되지만 구경을 지금 해야 해요. 중국 정부가 골라서 보여 주는 건데, 나중에 온다 해도 이렇게 알뜰하게 볼 수는 없어요. 나는 여기 몇 번 왔어도 이번처럼 잘 짜인 구경을 못했어요."

회장과 정 여사가 함께 남미 페루의 수도인 리마에 간 적이 있었다. 리마까지 갔다면 마추픽추를 보아야 한다.

페루 정부가 회장 일행이 마추픽추에 다녀올 수 있게 비행기를 내주었다. 정확히는 모르지만 일반 여행자가 거기를 다녀오려면 최소한 사흘이 걸리는 여정인데 비행기로는 당일에 다녀올 수 있었다. 회장은 마추픽추 어딘가에 비행기가 불시착이라도 하면 모를까 공연한 시간을 내어서 그것도 온 종일을 여행으로 보낼 사람이 아니었다. 회장께서 가고 싶은 사람들은 다녀오라고 했다. 그것은 부인더러 혼자 다녀오라고 할 수는 없는 일이었기에 회장이 어쩔 수 없이 선심을 쓴 것이었다. 아무도 가겠다는 사람이 없었다. 회장이 다음날 일정을 고려해서 긴요하지 않는 사람 순으로 누구 누구 다녀오라고 했으면 자의반 타의반 다녀올 사람이 있었을 것이다. 회장이 그냥 가고 싶은 사람이라고 했으니 회장만 일하게 두고 놀러갈 중역이 있을까. 또 다른 이유도 있었다. 거기를 가려면 새벽 4시 일어나야 했다. 밤 비행기를 타고 새벽에 그곳에 내려 온 종일 일에 시달렸는데, 새벽 4시에 일어나야 하는 것은 일종의 벌이나 다름없었다. 그 벌을 받고 싶은 남자가 일행 중에 없었던 것 같다.

내가 안간 이유는 후자에 있었다고 고백해야겠다. 비서였던 나에게는 회장이 침실에 들어간 뒤에도 처리해야 할 일들이 있었다. 나는 동작이 굼뜨기 때문에 다른 사람보다 최소한 30분 일찍 일어나야 한다. 그 상황에서 3시간 정도 자고 일어나는 것은 고문이나 다름없는 일이었다.

"남자들이 모두 게을러 터졌어. 이런 때 거기를 안 가보면 언제 가나. 여기까지 다시 오기도 쉽지도 않을 텐데. 장사는 잘하는지 몰라도 교양인 되기는 모두들 글렀어."

같이 갈 사람이 없는 것을 확인한 정 여사의 코멘트였다. 거기 있었던 남자들의 가슴이 하나같이 찔끔했으리라. 마추픽추는 잉카문명의 성지이며 세계 7대 불가사의에 포함되는 세계적 관광지이다. 일한답시고 꽁무니를 뺐으니 그런 말 들어도 싸다. 장담컨대 그때 거기 갔던 남자들 중에 다시 페루에 간 사람은 없으리라. 지금 내 돈으로 거기를 다녀오려면 이래저래 1천만 원은 필요할 것이다. 크게 후회되는 기억 중의 하나다.

골프 잘 치기는 글렀지 뭐

회장은 중역들이 선물 가게 앞에서 얼렁거리는 것에는 아주 질색을 했다. 회장을 모시고 해외여행을 대충 100번을 넘게 했을 것 같은데 회장은 넥타이 하나라도 사는 것을 본적이 없다. 나는 사야 할 물건이 없어도 가게를 둘러보는 것을 좋아한다. 명품을 파는 집이라면 더욱 그렇다.

언젠가 회장을 수행해서 뉴욕에 갔는데 정 여사가 거기에 왔다. 정 여사께서 쇼핑을 하러 가는 뉴욕 거리는 여자가 혼자 다니는 것이 위험한 곳이다. 에스코트가 필요했다. 회장이 지사에 와 있으면 직원들은 완전 비상상태인지라, 비서인 내가 동원되었다.

명품점들이 늘어 선 거리를 걷다가 세린느(Celine) 전문점에 들어갔을 때다. 여사께서 여자 블라우스 하나를 들고 내게 보여주며

"이거 현수혜 씨한테 맞을까?" 라고 했다.

현수혜는 내 아내의 이름이다. 내가 놀라서 반문했다.

"사모님, 제 집 사람을 말씀하시는 겁니까?"

"현수혜가 그 집 말고 또 있나?"

"사모님, 제 집 사람 이름을 어떻게 아십니까?"

"김 이사는 내 머리가 아주 나쁜 줄 아나봐. 우리 집에 몇 번 다녀갔고 행사 때도 만났잖아요."

물론 그랬다. 그래도 회장 부인이 중역도 아닌 중역 부인의 이름을 기억하는 것은 쉽지 않은 일이다. 나는 내심 크게 놀랐다. 나라면 불가능한 일이다. 나는 어떤 일을 평가할 때 나를 기준으로 하는 버릇이 있다. 나도 할 수 있는 일이면 60점이다. 나로서는 하기 어렵다고 생각될

때면 높은 점수가 나온다. 많은 사람들이 하기 어려운 일이면 점수가 아주 높다.

나는 속으로 Great!를 외쳤다. 95점을 주어도 될 것이었기 때문이다. 그가 들고 있는 블라우스는 보라색과 장미색이 혼합된 것 같은 강렬한 붉은 색에 검정색의 넓은 줄무늬와 좁은 줄무늬가 세로로 번갈아 있고, 약간 세워진 목깃에 같은 색 같은 무늬의 천이 길게 달려 있어서 매면 스카프 같은 느낌을 주는 디자인이었다.

아내는 그 블라우스를 오래 입었다. 20년이 넘어 이제는 낡았지만 아내는 그걸 옷장에 걸어두고 있다. 어느 날 아내가 그걸 만지작거리면서 "어디 양장점에 부탁해서 이거하고 꼭 같은 거 하나 맞출 수 없을까?" 라고 말했다.

명품이 제 값을 하는 것이거나, 그걸 골라준 사람의 안목이 그 만큼 높았거나 둘 중에 어느 쪽이 아닐까 싶다. 어쩌면 내 아내가 그토록 알뜰한 여자라서 그럴 수 있는지도 모를 일이다.

언젠가 나 혼자서 미국 출장을 갔다가 LA에서 정 여사와 조우하게 되어 골프를 같이 친 적이 있었다.

골프를 끝내고 나오면서 클럽에 부설되어 있는 용품 가게에 들렀다.

정 여사께서 혼마 드라이버를 들고 내게 건네주었다.

"사모님, 이건 남자용인데요." 라고 했더니

"김 상무, 옛날에 싱글이었다면서요. 오늘 보니 골프 실력이 형편없던데, 훈련 좀 하시라고 사드리는 거예요." 라고 했다. 너무나 뜻밖에 갖고 싶은 선물을 받아서 나는 기분이 썩 좋았다. 정 여사가 말을 덧붙였다.

"김 회장 옆에서 골프 잘 치기는 글렀지, 뭐."

남편의 시집살이에 고달픈 월급쟁이의 마음을 단숨에 씻어 주는 말이었다. 새 채 갖고 열심히 연습해서 스코어 줄이라는 의미는 아니었을 것이다. 그대 고생 내가 잘 이해하고 있으니 참고 열심히 해달라는 격려가 담겨있는 선물이었을 것이다.

헤드가 감나무이고 샤프트는 스틸이라 지금은 박물관에서나 찾아볼 수 있는 구닥다리이지만 그때는 인기 최고의 제품이었다. 나는 70년대 초반부터 골프를 쳤다. 40년 세월동안 이런 저런 골프 용품을 만졌고 철 지난 용품들은 모두 다 버렸지만 여사께서 사주신 그 혼마 드라이버는 아직도 간직하고 있다.

편히 말씀하세요

서울 힐튼호텔(지금은 서울 밀레니엄힐튼호텔)의 직원 교육에 강사로 초대받은 적이 있었다.

교육장에는 500명 가까운 인원이 앉아 있었다. 1천명이 조금 안 되는 종업원을 반으로 나누어 두 번 하는 교육이란 것은 미리 알고 있었지만 널따란 컨벤션센터에 앉아있는 500명을 바라보는 눈은 아득했다.

맨 앞자리에 회장인 정희자 여사가 앉아 있었다. 나는 난감했다. 회장이 직접 참여해 있으리라는 것은 짐작도 못했었다. 정 회장은 500명 보다 더 무거운 무게로 나를 압박했음이다. 나는 호텔을 드나들면서 느낀 점을 고객의 입장에서 솔직하게 얘기할 심산이었다. 준비했던 강의 원고에는 회장 앞에서 말하기에는 주저되고, 듣기 따라서 조금은 거북한 내용도 있었다. 강의 내용을 확 바꿔 버리면 재미도 없고 효과도 반감될 수밖에 없었다. 그렇다고 비켜 주십시오, 라고 할 수도 없었다.

궁여지책으로 나는 '정 회장님이 계셔서 여러분께 부담이 되는 얘기는 삼갈 테니 여러분이 의미를 새겨서 들어주십시오.' 하고 말했다.

강의가 본 궤도에 오르고 있는데 정 회장의 비서가 단상으로 올라왔다. 정 회장이 앉아 있던 자리를 보니 비어있었다. 스크린도 보고 좌우로 넓게 전개된 좌석들을 둘러보며 말하느라 정 회장이 자리를 뜨는 것을 보지 못했던 거다. 비서가 메모를 놓고 강단을 내려갔다. 정 회장의 친필 메모였다. 메모에는 또박 또박 이렇게 적혀 있었다.

"김 부사장님, 제가 자리를 떠납니다. 무슨 얘기든지 다 편하게 말씀해 주세요."

마음이 가뿐해졌다. 고마웠다.

내 강의가 갑자기 다이나믹해졌을 것이다.

내게 호텔이라는 서비스업에 대한 논리적인 바탕이나 학문적 배경은 없다. 다만 나는 세계 유수의 호텔이나 음식점 같은 데를 다녔고 또 무슨 일이나 유심히 관찰하는 버릇이 있어서 고객의 입장에서 평가하는 안목이랄까 식견 같은 것은 있다고 말할 수 있다. 나는 그 호텔을 10년 넘게 드나들면서 불만이었던 점, 고쳤으면 하는 점 등등 마음에 있던 느낌들을 가감 없이 말했다. 사례들을 말할 때는 현장감을 살리기 위해 다소 직선적인 표현을 동원하기도 했나.

"몸매가 아주 좋은 여직원이 손님 앞에 무엇을 가져다 놓으면서 궁둥이를 다른 손님 코앞에 갖다 대는 경우가 있다. 만져 보고 싶은 마음 꿀떡같지만 성희롱이 분명하고 밀어버리면 음식 그릇이 뒤집어 질 수도 있다. 가만히 있자니 냄새가 날 것도 같고 여간 거북스럽지가 않다. 이렇게 고약한 동작을 하면서도 정작 당사자는 의식이 없는 듯하다."

두 시간의 강의 중에 지금 기억되는 말은 이것뿐이다. 많은 직원들이 웃기도 하고 고개를 끄덕이기도 했다. 강의는 재미있었고 나소의 설득력도 있었던 듯하다. 이따금 거기 참석했던 직원들로부터 '좋은 강의를 들었다.' 라든가 '우리들도 간과한 점들을 지적해 주었다.' 는 등의 반응을 접할 수 있었다. 나의 다소 직선적인 코멘트를 경청하고 수용해 준 힐튼호텔 직원들의 공부하는 자세도 고마움을 느끼게 하는 부분이다.

우연한 기회에 호텔 사원 한 사람과 얘기를 나누었다.

> 우리가 로비에서 스트라이크도 하곤 했는데 후회됩니다. 정 회장께서 우리들한테 얼마나 잘 해주셨는지 그때는 몰랐습니다. 우리가 건의사항을 내면 뭐든지 들어주려고 했습니다. 돈의 크기에 관계치 않고 고치기도 하고 바꿔 주기도 했습니다. 경영권이 바뀐 뒤엔 우리의 건의는 그냥 묵살됩니다. 좋은 호텔보다는 얼마의 이익을 내느냐에만 관심이 있는 듯합니다.

이 말을 하면서 아련해지던 그의 눈빛과 표정이 지금도 기억에 남아 있다.

정 회장은 직원들에게 다정했다. 그때 그 호텔은 정말 눈부시었다. 모든 종사원들의 합치된 노력의 결과였겠지만 무엇보다도 정 회장이 사람들에게 정성을 쏟은 덕분이 컸으리라 싶다.

크리스마스를 앞두었던 어느 날 로비를 지나가다 만난 직원을 향해 "메리 크리스 마~스!" 하던 정 회장의 목소리가 귓전을 맴돈다. 음악의 선율 같은 높낮이로 여운이 길게 이어지는 그 소리는 무척 아름다웠다. 누이의 축복같이 다정하고 다감했다.